한양 한국어
4-2

발간사

한국어는 전 세계 가장 아름다운 언어 중 하나이며 8천 만 인구가 사용하고 있는 언어입니다. 최근 한국의 대중문화, 엔터테인먼트, TV 드라마 및 영화의 인기로 인해 제2 언어로서의 한국어 교육 수요가 급증하였습니다. 그렇지만 한국어는 외국인이 배우기에 가장 어려운 언어 중의 하나이기도 합니다. 따라서 한국어를 배우고 싶어 하는 외국인과 재외 동포를 위하여 좀 더 쉽게 한국어를 습득할 수 있도록 하기 위해 〈한양 한국어 4〉를 발간하게 되었습니다.

〈한양 한국어 4〉는 국제 통용 한국어 표준 교육 과정 4급에 맞추어 학습자들이 비교적 친숙한 사회적 소재와 자신의 관심 분야에 대해 정확하게 의사 표현을 할 수 있도록 구성하였습니다. 또한 공식적인 상황에서도 업무 처리를 할 수 있는 기능을 익히도록 교재를 편성하였습니다. 총 12단원으로 이루어져 있으며 한 단원은 3일에 걸쳐 학습할 수 있도록 구성하였습니다. 제1일과 제2일에는 주제 관련 표현과 기본 대화를 익힘으로써 기본적인 의사소통 능력을 기를 수 있도록 하였고, 제3일에는 주제에 맞춰 듣기, 말하기, 읽기, 쓰기 등의 통합 과제 활동을 해 보도록 구성하였습니다.

모국어가 아닌 언어를 배우기 위해서는 많은 시간을 투자해야 합니다. 특히 문화권이 다른 언어인 경우 문화, 예절, 생활 습관의 차이로 더욱 어려움을 느끼고 중도 포기하는 사례가 많습니다. 이에 〈한양 한국어 4〉를 집필하면서 학습자들이 한국어 및 한국 문화에 대해 많이 알고 친숙해지도록 하기 위해 노력하였습니다. 좀 더 많은 외국인과 재외 동포들이 이 교재를 통해 한국어와 한글의 아름다움을 즐길 수 있게 되길 바랍니다.

끝으로 〈한양 한국어 4〉를 집필해 주신 이영숙 교수님, 조자현 교수님, 우주희 교수님, 김진만 교수님께 감사드립니다.

2021년 5월 31일
한양대학교 국제교육원장
교수 윤종승

일러두기

　〈한양 한국어 4〉는 한국어 표준 교육 과정 가운데 4단계에 해당하는 교육 과정을 기반으로 총 200시간(주 5회, 총 10주)에 맞게 교육 내용을 구성하였으며, 하나의 대단원은 3일에 수업할 수 있도록 구성하였다. 그리고 각 단원은 4단계 학습자에게 유용한 주제와 기능을 선정하고 하위에 3개의 소단원을 두어 주제와 관련된, 어휘, 문법, 대화, 활동 등으로 구성하였으며, 각 대단원의 마지막 단원에서는 주제와 관련된 다양한 활동을 해 볼 수 있도록 하였다.

　각 단원의 세부적인 구성은 다음과 같다.

대단원 도입

대단원의 학습 목표와 함께 주제와 관련된 사진을 제시하여 단원에 대한 학습자들의 이해와 흥미를 돕도록 하였다. 특히 QR 코드를 제공하여 학습자들이 교재에 쉽게 접근하여 한국어 모국어 화자들의 발음과 억양을 반복하여 들을 수 있도록 도움을 주었다.

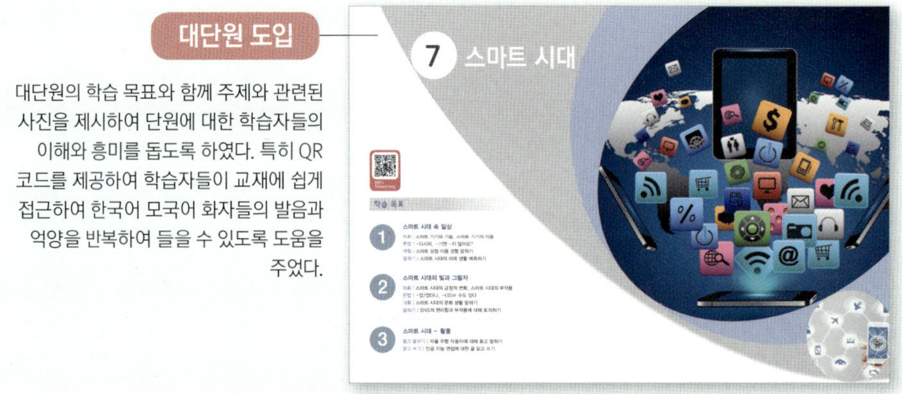

소단원 도입

소단원의 주제, 기능과 관련된 실물 자료나 삽화를 활용하여 학습자의 배경 지식을 활성화하도록 하였다. 특히 제시된 자료와 관련된 도입 질문을 통해 학습자의 동기 유발을 이끌어 내도록 하였다.

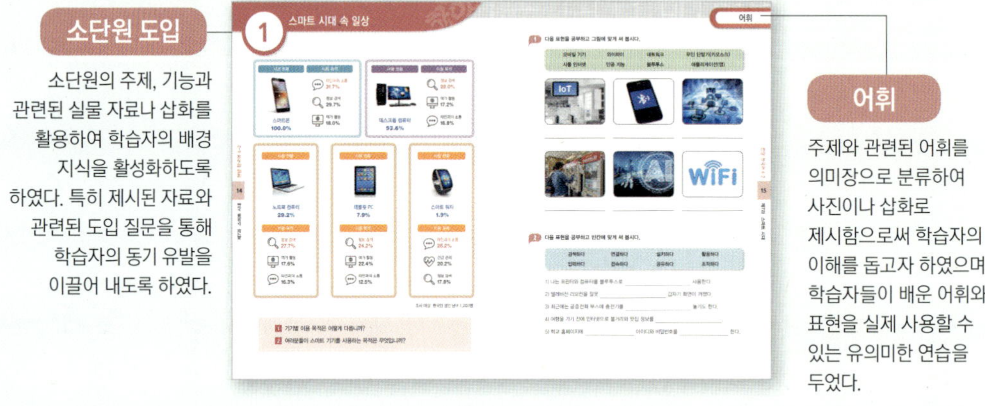

어휘

주제와 관련된 어휘를 의미장으로 분류하여 사진이나 삽화로 제시함으로써 학습자의 이해를 돕고자 하였으며, 학습자들이 배운 어휘와 표현을 실제 사용할 수 있는 유의미한 연습을 두었다.

문법

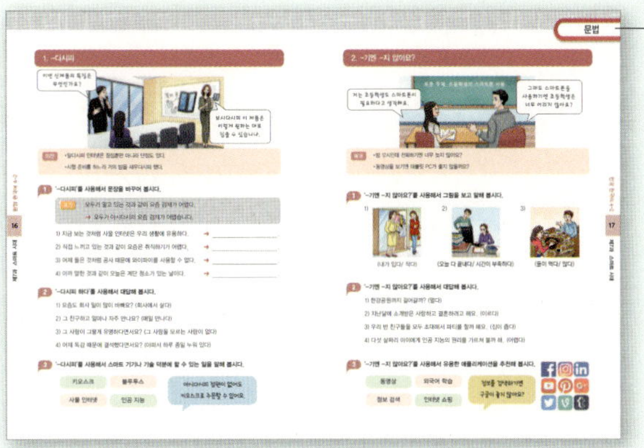

해당 단원의 주제와 기능에 보다 적합한 문법을 선정하여 의사소통 능력을 기르기 위한 문법 학습이 되도록 하였다. 자연스러운 한 쌍의 대화와 함께 관련 삽화를 제시함으로써 이해를 돕도록 하였으며, 간단한 응답 연습에 이어 유의미한 연습을 두어 배운 문법을 사용해 보도록 하였다.

대화

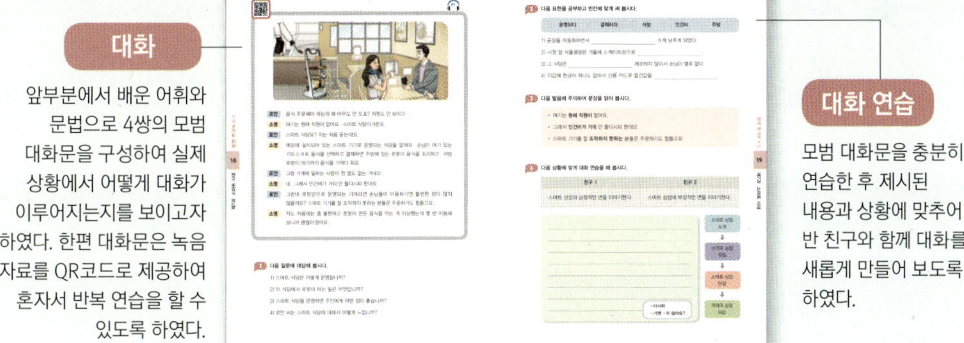

앞부분에서 배운 어휘와 문법으로 4쌍의 모범 대화문을 구성하여 실제 상황에서 어떻게 대화가 이루어지는지를 보이고자 하였다. 한편 대화문은 녹음 자료를 QR코드로 제공하여 혼자서 반복 연습을 할 수 있도록 하였다.

대화 연습

모범 대화문을 충분히 연습한 후 제시된 내용과 상황에 맞추어 반 친구와 함께 대화를 새롭게 만들어 보도록 하였다.

말하기

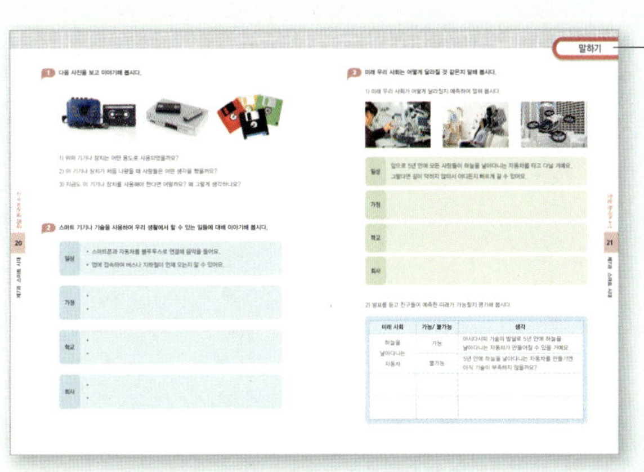

소단원마다 주제와 기능에 맞는 말하기 활동을 두어 학습자들의 내적 지식을 이끌어 내어 반 친구들과 다양한 말하기 활동을 해 보도록 하였다.

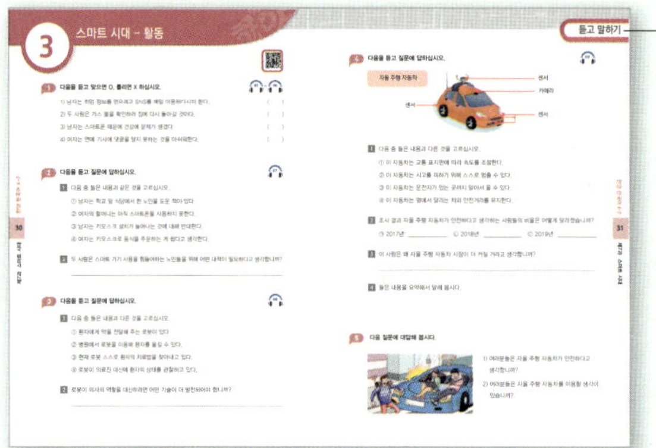

듣고 말하기

듣고 말하기에서는 보다 실제성을 담은 담화를 중심으로 대화, 인터뷰, 다큐멘터리, 강연 등 다양한 듣기 담화를 듣고 한국어 듣기 능력을 향상하도록 하였다. 듣기 전 단계에서는 스키마 활성화를 위한 도입 질문을 하고, 들은 후에는 내용 이해를 확인하고 관련 내용으로 말하기 연계 활동이 이루어지도록 하였다. 듣기 녹음 자료는 QR코드로 제공하여 혼자서 반복 연습을 할 수 있도록 하였다.

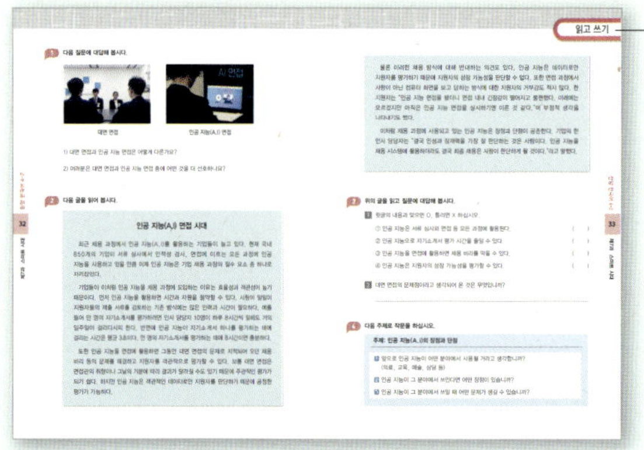

읽고 쓰기

공적인 소재를 담은 설명문, 논설문, 기사문, 문학 작품 등을 제시하여 신문 읽기 활동이 이루어지도록 하였다. 읽기 전 단계에서는 스키마 활성화를 위해 자료와 함께 도입 질문을 하고, 글을 읽은 후에는 내용 이해를 확인하고 관련 내용으로 쓰기 연계 활동이 이루어지도록 하였다. 특히 쓰기는 주어진 주제와 소재로 워크북에 써 보도록 하였다.

부록

부록에서는 어휘 목록, 문법 설명을 단원별로 정리하였고, 듣기 지문과 모범 답안, 어휘 색인, 문법 색인을 붙여 두어 학습자들의 자가 학습과 확인 학습에 도움을 주었다.

〈한양 한국어 4〉의 특징

〈한양 한국어 4〉는 외국인과 재외 동포를 위한 한국어 통합 교재이다. 이 책은 한국어 표준 교육 과정의 3단계를 마친 학습자들이 자신의 관심 분야는 물론 비교적 친숙한 사회적 소재에 대해 의사소통할 수 있는 능력을 체계적으로 학습하여 실생활에 활용해 볼 수 있도록 구성하였다.

차례

교재 구성표

단원	대주제	소주제	어휘와 표현	문법	활동
1과	현대인의 여가 생활	여가 활동의 목적	① 여가 ② 여가 활동의 목적	① -(으)ㄹ 겸 -(으)ㄹ 겸 (해서) ② -는 바람에	① 여가 활동 추천하기 ② 여가 활동 계획하기 ③ 여가 친화 기업에 대해 듣고 말하기 ④ 가족 캠핑에 대한 글 읽고 쓰기
		여가 활동의 유형	③ 여가 문화 발달 요인 ④ 여가 활동의 유형	③ -고 보니까 ④ -는 대로	
2과	음식과 요리	맛과 요리 방법	① 조리 방법 ② 양념과 맛	① 에다가 ② -고 나면	① 요리 방법 설명하기 ② 나라별 식사 예절 비교하기 ③ 여러 가지 음식과 요리 방법에 대해 듣고 말하기 ④ 한국인의 간식에 대한 글 읽고 쓰기
		식사 예절	③ 식사 방식 ④ 요리 관련 관용어	③ -(으)ㄹ까 봐 ④ -(으)ㄴ/는걸요	
3과	직장 생활	취업 목표와 준비	① 성격 유형 ② 직업관	① -(으)ㄹ 바에야 ② -아/어야	① 취업 모의 면접 해 보기 ② 좋은 직장에 대한 의견 말하기 ③ 평생직장에 대해 듣고 말하기 ④ 한국 직장 문화에 대한 글 읽고 쓰기
		직장인이 바라는 회사 생활	③ 직장 업무 ④ 부서 및 직위	③ -더라도 ④ -다가 보면	
4과	한국의 명소	테마별 명소	① 주제별 명소 ② 명소의 특징	① 치고 ② -기로는	① 주제별 명소 추천하기 ② 각국의 세계문화유산 소개하기 ③ 명소와 문화 유적지에 대해 듣고 말하기 ④ 주요 도시에 대한 글 읽고 쓰기
		문화 유적과 문화재	③ 문화재의 유형 ④ 문화재 보존	③ -던 ④ -(으)ㄴ/는 김에	
5과	인간관계	인간관계의 유형	① 인간관계 종류 ② 인간관계 형성 및 유지	① -기 마련이다 ② -(으)ㄴ/는 척하다	① 인간관계를 잘 맺는 방법 이야기하기 ② 인간관계 갈등 경험 이야기하기 ③ 소통의 기술에 대해 듣고 말하기 ④ 인간관계에 대한 상담 사례 읽고 쓰기
		인간관계와 갈등	③ 인간관계에서의 행동 ④ 인간관계에서의 감정	③ -더니 ④ -(ㄴ/는)다고 치다	
6과	재미있는 한국어	의성어와 의태어	① 의성어 ② 의태어	① -던데요 ② -는 통에	① 의성어와 의태어를 넣어 이야기 만들기 ② 속담과 관용어의 의미 설명하기 ③ 속담의 유래에 대해 듣고 말하기 ④ 전래 동화 읽고 쓰기
		속담과 관용어	③ 속담 ④ 관용어	③ -(ㄴ/는)다고 하더니 ④ -았/었던	

단원	대주제	소주제	어휘와 표현	문법	활동
7과	스마트 시대	스마트 시대 속 일상	① 스마트 기기와 기술 ② 스마트 기기의 이용	① -다시피 ② -기엔 - 지 않아요?	① 스마트 시대의 미래 생활 예측하기 ② SNS의 편리함과 부작용에 대해 토의하기 ③ 자율 주행 자동차에 대해 듣고 말하기 ④ 인공 지능 면접에 대한 글 읽고 쓰기
		스마트 시대의 빛과 그림자	③ 스마트 시대의 긍정적 변화 ④ 스마트 시대의 부작용	③ -았/었더니 ④ -(으)ㄹ 수도 있다	
8과	한국의 전통 명절	명절의 종류와 풍습	① 여러 가지 명절 ② 명절 풍습	① -(으)랴 -(으)랴 ② 얼마나 -(으)ㄴ/는지 모르다	① 각국의 명절 소개하기 ② 명절 관련 민간 신앙 소개하기 ③ 명절 풍습 변화에 대해 듣고 말하기 ④ 전통 명절에 대한 글 읽고 쓰기
		전통 명절과 민간 신앙	③ 민간 신앙 (미신, 금기) ④ 명절 풍습의 변화	③ -아/어 봤자 ④ -느니 차라리	
9과	역사 속의 인물	한국 역사 속의 인물	① 역사 시대 구분 ② 역사 인물의 업적	① -다가 보니(까) ② (이)야말로	① 자기 나라의 역사 인물 소개하기 ② 역사 인물의 일화 발표하기 ③ 역사 인물의 삶과 업적에 대해 듣고 말하기 ④ 인생의 롤 모델에 대한 글 읽고 쓰기
		세계 역사 속의 인물	③ 역사 인물의 유형 ④ 역사 인물의 특성	③ (으)로 보아서는 ④ 은/는커녕	
10과	소비와 절약	소비 생활	① 생활비 ② 소비 습관	① -곤 하다 ② -(으)면서도	① 한 달 지출 계획 발표하기 ② 돈을 절약하는 방법에 대해 말하기 ③ 충동구매에 대해 듣고 말하기 ④ 지혜롭게 부자가 된 인물에 대한 글 읽고 쓰기
		절약 생활	③ 절약 ④ 소비 성향	③ -(으)려던 참이다 ④ -기만 하면	
11과	사건과 사고	범죄 사건과 대책	① 사건 원인 및 유형 ② 사건 발생 및 처리	① 에 따르면 ② -(으)ㄴ/는 만큼	① 사건 목격자 인터뷰하기 ② 119 신고 전화하기 ③ 청소년 범죄에 대해 듣고 말하기 ④ 사건·사고에 대한 글 읽고 쓰기
		사고와 예방	③ 재난·재해 원인 및 유형 ④ 사고 발생 및 처리	③ (으)로 인해 ④ -(으)ㄹ 뻔하다	
12과	환경 보호	환경 오염의 종류	① 환경 오염의 종류 ② 환경 오염의 원인	① -다가는 ② -(으)ㄹ 게 뻔하다	① 미래 환경 오염의 심각성 이야기하기 ② 환경 보호를 위한 실천 방법 소개하기 ③ 친환경 상품 개발에 대해 듣고 말하기 ④ 환경 보호 실천에 대한 글 읽고 쓰기
		환경 보호 실천	③ 환경 보호 대책 ④ 환경 보호 실천	③ -더라고요 ④ -길래	

조민수

국적: 한국
성별: 여
직업: 한국어 선생님
인물 관계: 다니엘, 왕페이, 로안,
　사토, 진소명의 선생님

김지우

국적: 한국
성별: 여
직업: 회사원
인물 관계: 이서준과 대학 동기,
　사토와 회사 동료

이서준

국적: 한국
성별: 남
직업: 대학생
인물 관계: 김지우와 대학 동기,
　다니엘과 동아리 친구

다니엘

국적: 독일
성별: 남
직업: 교환 학생, 어학연수생
인물 관계: 이서준과 동아리 친구,
　왕페이, 로안, 사토, 진소명과
　같은 반 친구

왕페이
국적: 중국
성별: 여
직업: 어학연수생
인물 관계: 다니엘, 로안, 사토,
　　진소명과 같은 반 친구

사토
국적: 일본
성별: 남
직업: 회사원, 어학연수생
인물 관계: 김지우와 회사 동료,
　　다니엘, 왕페이, 로안, 진소명과
　　같은 반 친구

박은영
국적: 한국
성별: 여
직업: 대학생
인물 관계: 다니엘, 진소명, 사토의
　　친구

로안
국적: 베트남
성별: 여
직업: 어학연수생
인물 관계: 다니엘, 왕페이, 사토,
　　진소명과 같은 반 친구

진소명
국적: 중국
성별: 남
직업: 대학원생, 어학연수생
인물 관계: 다니엘, 왕페이, 로안,
　　사토와 같은 반 친구

7 스마트 시대

MP3 Streaming

학습 목표

1 스마트 시대 속 일상

어휘 | 스마트 기기와 기술, 스마트 기기의 이용
문법 | -다시피, -기엔 -지 않아요?
대화 | 스마트 상점 이용 경험 말하기
말하기 | 스마트 시대의 미래 생활 예측하기

2 스마트 시대의 빛과 그림자

어휘 | 스마트 시대의 긍정적 변화, 스마트 시대의 부작용
문법 | -았/었더니, -(으)ㄹ 수도 있다
대화 | 스마트 시대의 문화 생활 말하기
말하기 | SNS의 편리함과 부작용에 대해 토의하기

3 스마트 시대 - 활동

듣고 말하기 | 자율 주행 자동차에 대해 듣고 말하기
읽고 쓰기 | 인공 지능 면접에 대한 글 읽고 쓰기

사용 현황	이용 목적
 **스마트폰** **100.0%**	 타인과의 소통 **31.7%** 정보 검색 **29.7%**  여가 활동 **18.0%**

사용 현황	이용 목적
 **데스크톱 컴퓨터** **53.6%**	 정보 검색 **29.0%**  여가 활동 **17.2%**  타인과의 소통 **16.8%**

사용 현황

노트북 컴퓨터
29.2%

이용 목적

 정보 검색 **27.7%**

 여가 활동 **17.6%**

 타인과의 소통 **16.3%**

사용 현황

태블릿 PC
7.9%

이용 목적

 정보 검색 **24.2%**

 여가 활동 **22.4%**

 타인과의 소통 **12.5%**

사용 현황

스마트 워치
1.9%

이용 목적

 타인과의 소통 **26.2%**

 건강 관리 **20.2%**

 정보 검색 **17.8%**

조사 대상: 한국인 성인 남녀 1,200명

1 기기별 이용 목적은 어떻게 다릅니까?

2 여러분들이 스마트 기기를 사용하는 목적은 무엇입니까?

1 다음 표현을 공부하고 그림에 맞게 써 봅시다.

모바일 기기	와이파이	네트워크	무인 단말기(키오스크)
사물 인터넷	인공 지능	블루투스	애플리케이션(앱)

____

____

____

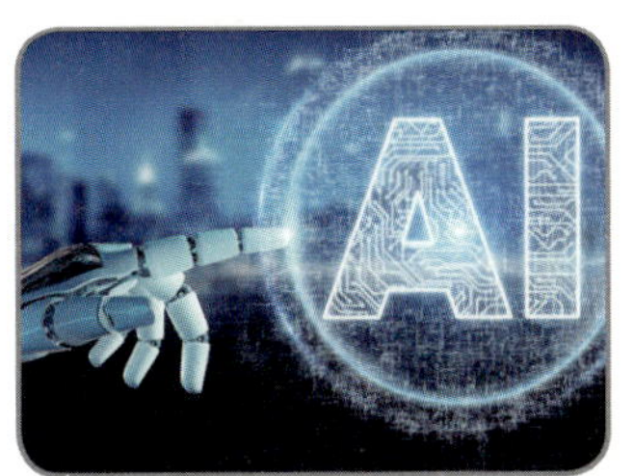

____

____

____

2 다음 표현을 공부하고 빈칸에 맞게 써 봅시다.

검색하다	연결하다	설치하다	활용하다
입력하다	접속하다	공유하다	조작하다

1) 나는 프린터와 컴퓨터를 블루투스로 _______________ 사용한다.

2) 텔레비전 리모컨을 잘못 _______________ 갑자기 화면이 꺼졌다.

3) 최근에는 공중전화 부스에 충전기를 _______________ 놓기도 한다.

4) 여행을 가기 전에 인터넷으로 볼거리와 맛집 정보를 _______________ .

5) 학교 홈페이지에 _______________ 아이디와 비밀번호를 _______________ 한다.

1. -다시피

예문
- 알다시피 인터넷은 장점뿐만 아니라 단점도 있다.
- 시험 준비를 하느라 거의 밤을 새우다시피 했다.

1 '-다시피'를 사용해서 문장을 바꾸어 봅시다.

> **보기** 모두가 알고 있는 것과 같이 요즘 경제가 어렵다.
> → 모두가 아시다시피 요즘 경제가 어렵습니다.

1) 지금 보는 것처럼 사물 인터넷은 우리 생활에 유용하다. → ___________________.

2) 직접 느끼고 있는 것과 같이 요즘은 취직하기가 어렵다. → ___________________.

3) 어제 들은 것처럼 공사 때문에 와이파이를 사용할 수 없다. → ___________________.

4) 아까 말한 것과 같이 오늘은 계단 청소가 있는 날이다. → ___________________.

2 '-다시피 하다'를 사용해서 대답해 봅시다.

1) 요즘도 회사 일이 많이 바빠요? (회사에서 살다)

2) 그 친구하고 얼마나 자주 만나요? (매일 만나다)

3) 그 사람이 그렇게 유명하다면서요? (그 사람을 모르는 사람이 없다)

4) 어제 독감 때문에 결석했다면서요? (아파서 하루 종일 누워 있다)

3 '-다시피'를 사용해서 스마트 기기나 기술 덕분에 할 수 있는 일을 말해 봅시다.

| 키오스크 | 블루투스 |
| 사물 인터넷 | 인공 지능 |

아시다시피 점원이 없어도 키오스크로 주문할 수 있어요.

2. -기엔 -지 않아요?

예문
- 밤 12시인데 전화하기엔 너무 늦지 않아요?
- 동영상을 보기엔 태블릿 PC가 좋지 않을까요?

1 '-기엔 -지 않아요?'를 사용해서 그림을 보고 말해 봅시다.

1) 

(내가 입다/ 작다)

2) 

(오늘 다 끝내다/ 시간이 부족하다)

3)

(둘이 먹다/ 많다)

2 '-기엔 -지 않아요?'를 사용해서 대답해 봅시다.

1) 한강공원까지 걸어갈까? (멀다)

2) 지난달에 소개받은 사람하고 결혼하려고 해요. (이르다)

3) 우리 반 친구들을 모두 초대해서 파티를 할까 해요. (집이 좁다)

4) 다섯 살짜리 아이에게 인공 지능의 원리를 가르쳐 볼까 해. (어렵다)

3 '-기엔 -지 않아요?'를 사용해서 유용한 애플리케이션을 추천해 봅시다.

동영상

외국어 학습

정보 검색

인터넷 쇼핑

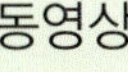
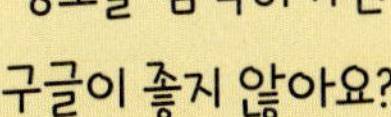

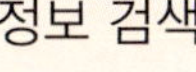

로안 음식 주문해야 하는데 왜 아무도 안 오죠? 직원도 안 보이고….

소명 여기는 원래 직원이 없어요. 스마트 식당이거든요.

로안 스마트 식당요? 저는 처음 듣는데요.

소명 매장에 설치되어 있는 스마트 기기로 운영되는 식당을 말해요. 손님이 여기 있는 키오스크로 음식을 선택하고 결제하면 주방에 있는 로봇이 음식을 조리하고, 서빙 로봇이 여기까지 음식을 가져다 줘요.

로안 그럼 가게에 일하는 사람이 한 명도 없는 거네요.

소명 네. 그래서 인건비가 거의 안 들다시피 한대요.

로안 그런데 로봇만으로 운영되는 가게라면 손님들이 이용하기엔 불편한 점이 많지 않을까요? 스마트 기기를 잘 조작하지 못하는 분들은 주문하기도 힘들고요.

소명 저도 처음에는 좀 불편하고 로봇이 만든 음식을 먹는 게 이상했는데 몇 번 이용해 보니까 괜찮아졌어요.

1 다음 질문에 대답해 봅시다.

1) 스마트 식당은 어떻게 운영됩니까?

2) 이 식당에서 로봇이 하는 일은 무엇입니까?

3) 스마트 식당을 운영하면 주인에게 어떤 점이 좋습니까?

4) 로안 씨는 스마트 식당에 대해서 어떻게 느낍니까?

2 다음 표현을 공부하고 빈칸에 맞게 써 봅시다.

| 운영되다 | 결제하다 | 서빙 | 인건비 | 주방 |

1) 공장을 자동화하면서 _________________________ 크게 낮추게 되었다.

2) 시청 앞 서울광장은 겨울에 스케이트장으로 _________________________ .

3) 그 식당은 _________________________ 깨끗하지 않아서 손님이 별로 없다.

4) 지갑에 현금이 하나도 없어서 신용 카드로 물건값을 _________________________ .

3 다음 발음에 주의하여 문장을 읽어 봅시다.

- 여기는 **원래 직원이** 없어요.
- 그래서 **인건비가 거의** 안 들다시피 한대요.
- 스마트 기기를 잘 **조작하지 못하는** 분들은 주문하기도 힘들고요.

4 다음 상황에 맞게 대화 연습을 해 봅시다.

친구 1	친구 2
스마트 상점의 긍정적인 면을 이야기한다.	스마트 상점의 부정적인 면을 이야기한다.

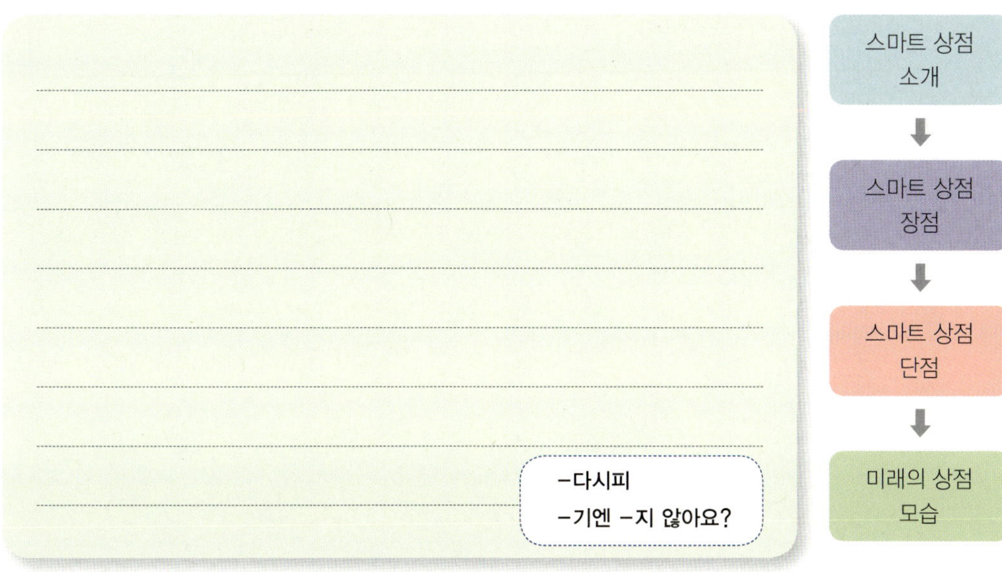

1 다음 사진을 보고 이야기해 봅시다.

1) 위의 기기나 장치는 어떤 용도로 사용되었을까요?

2) 이 기기나 장치가 처음 나왔을 때 사람들은 어떤 생각을 했을까요?

3) 지금도 이 기기나 장치를 사용해야 한다면 어떨까요? 왜 그렇게 생각하나요?

2 스마트 기기나 기술을 사용하여 우리 생활에서 할 수 있는 일들에 대해 이야기해 봅시다.

일상	• 스마트폰과 자동차를 블루투스로 연결해 음악을 들어요. • 앱에 접속하여 버스나 지하철이 언제 오는지 알 수 있어요.
가정	• •
학교	• •
회사	• •

3 미래 우리 사회는 어떻게 달라질 것 같은지 말해 봅시다.

1) 미래 우리 사회가 어떻게 달라질지 예측하여 말해 봅시다.

일상	앞으로 5년 안에 모든 사람들이 하늘을 날아다니는 자동차를 타고 다닐 거예요. 그렇다면 길이 막히지 않아서 어디든지 빠르게 갈 수 있어요.
가정	
학교	
회사	

2) 발표를 듣고 친구들이 예측한 미래가 가능할지 평가해 봅시다.

미래 사회	가능/ 불가능	생각
하늘을 날아다니는 자동차	가능	아시다시피 기술의 발달로 5년 안에 하늘을 날아다니는 자동차가 만들어질 수 있을 거예요.
	불가능	5년 안에 하늘을 날아다니는 자동차를 만들기엔 아직 기술이 부족하지 않을까요?

성인 남녀 10명 중 2명, 나는 스마트폰 중독!

성인 남녀 5,267명 설문 조사 [자료 제공: 사람인]

*연령대별 본인이 스마트폰 중독이라고 생각하는 비율

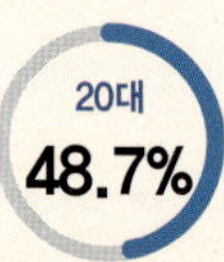

20대	30대	40대	50대↑
48.7%	43.7%	27.1%	13.5%

*스마트폰 중독이라고 생각한 증상 (복수 응답)

- 별다른 목적 없이 수시로 켜서 봄 — 75.2%
- 없으면 불안함 — 34.2%
- PC, TV보다 훨씬 편함 — 27.5%
- 손대면 시간 가는 줄 모름 — 24.1%
- 다른 용무 중에도 스마트폰을 함 — 15.2%

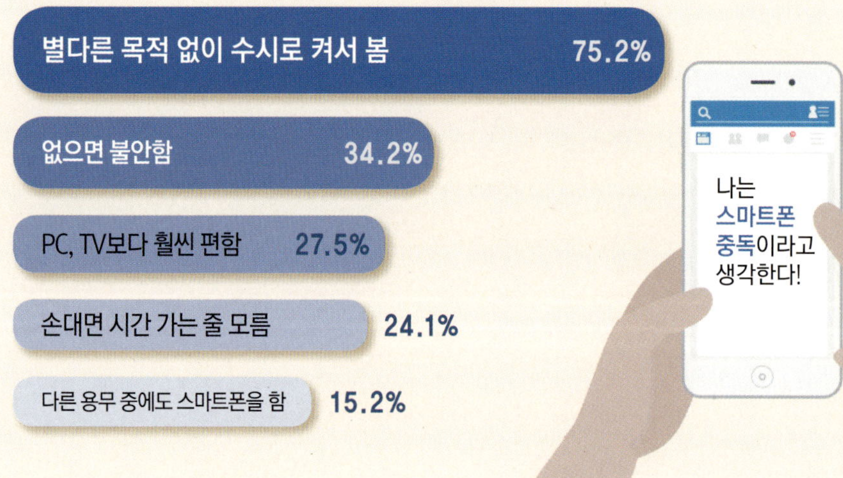

1 사람들은 어떤 증상이 있을 때 스마트폰 중독이라고 생각합니까?

2 여러분들은 자신이 스마트폰 중독이라고 생각합니까? 왜 그렇게 생각합니까?

1 다음 표현을 공부하고 빈칸에 맞게 써 봅시다.

| 무인화 | 자동화 | 인건비 절감 |

| 시간과 공간의 제약 극복 | 신속화 |

1) ______________________ 스스로 움직이거나 작동하는 것을 의미한다.

2) 불필요한 해외 부서를 줄여서 ______________________ 효과를 얻게 되었다.

3) 대부분의 시민들은 지하철 매표 ______________________ 불편을 느낀다고 한다.

4) 우리 회사는 업무 처리의 ______________________ 위해서 보고 절차를 단순화하였다.

2 다음 표현을 공부하고 서로 관계있는 것을 연결해 봅시다.

| 정보 격차 | 디지털 치매 | 개인 정보 유출 |
| 중독성 | 가짜 정보 | 사생활 침해 |

1) 정보 격차 •

• 하루 종일 게임 생각만 나네.

2) 디지털 치매 •

• 내 전화번호가 뭐지?
기억이 안 나네.

3) 가짜 정보 •

• 키오스크 사용법을 몰라서
결국 주문을 못 했어요.

4) 중독성 •

• 인터넷에서 봤는데 한국의 출산율이
세계에서 가장 높다면서요?

1. -았/었더니

예문
- 지난달에 돈을 많이 썼더니 생활비가 부족하다.
- 최신 스마트폰으로 바꿨더니 유용한 기능이 많다.

1 '-았/었더니'를 사용해서 문장을 완성해 봅시다.

1) 어젯밤에 늦게 (자다) _____________________ 너무 피곤해요.

2) 어두운 데에서 책을 (읽다) _____________________ 눈이 아파요.

3) 밥을 급하게 (먹다) _____________________ 소화가 안돼요.

4) 아이에게 큰 소리로 (말하다) _____________________ 아이가 놀라서 울었어요.

2 '-았/었더니'를 사용해서 대답해 봅시다.

1) 어제 수강 신청 잘 했어요? (늦게 접속하다/ 수강 인원이 꽉 차다)

2) 아까 은영 씨하고 통화했어요? (전화하다/ 안 받다)

3) 요즘은 왜 인터넷에 글을 안 올려요? (글을 올리다/ 악성 댓글이 달리다)

4) 요즘 세대 간 정보 격차가 심하다면서요? (뉴스를 보다/ 정보 격차가 심하다)

3 '-았/었더니'를 사용해서 스마트 기기의 편리한 점과 불편한 점에 대해 이야기해 봅시다.

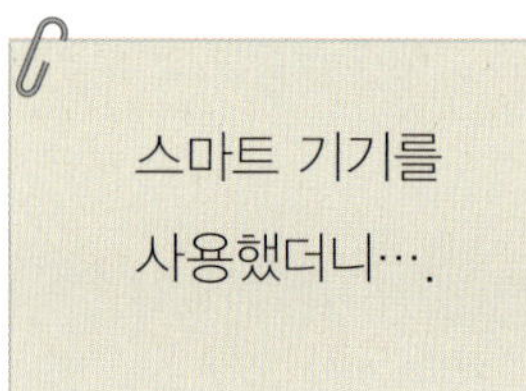

편리한 점	불편한 점

2. -(으)ㄹ 수도 있다

예문
- 이 기기는 최신 제품이어서 생각보다 가격이 비쌀 수도 있다.
- 한 시부터 점심시간일 수도 있으니까 전화해서 확인해 보세요.

1 '-(으)ㄹ 수도 있다'를 사용해서 문장을 완성해 봅시다.

1) 이 책은 아이가 읽기에 (어렵다) ___________________________ .

2) 방학이라서 다니엘 씨가 고향에 (갔다) ___________________________ .

3) 이 뉴스는 (가짜 뉴스이다) ___________________________ 한번 확인해 보세요.

4) 친한 친구라도 같이 살다 보면 사소한 문제로 (싸우다) ___________________________ .

2 '-(으)ㄹ 수도 있다'를 사용해서 대답해 봅시다.

보기
가: 오후에 비가 안 오겠죠? (비가 오다/ 우산을 챙기다)

나: 비가 올 수도 있으니까 우산을 챙기세요.

1) 이 정도 사이즈면 저한테 맞겠죠? (작다/ 입어 보다)

2) 소명 씨가 지금 집에 있을까요? (외출했다/ 전화하다)

3) SNS로 알게 된 사람이 있는데 만나 보려고 해요. (나쁜 사람이다/ 조심하다)

4) 약속 시간이 지났는데 왜 페이 씨가 안 올까요? (지금 오고 있다/ 더 기다리다)

3 '-(으)ㄹ 수도 있다'를 사용해서 스마트 시대에 생길 수 있는 일에 대해 말해 봅시다.

회사에 출근하지 않고 집에서만 일할 수도 있어요.

로봇이 우리의 일자리를 빼앗을 수도 있어요.

소명	은영 씨, 아까부터 스마트폰으로 뭘 그렇게 보고 있어요?
은영	책을 읽고 있어요. 인터넷 서점에서 전자책을 구매했거든요.
소명	요즘은 스마트 기기로 전자책을 다운로드 받아서 읽거나, 앱을 깔고 오디오 북을 듣는 사람들이 많아진 것 같아요. 강의 시간에 전자책으로 공부하는 친구들도 많고요.
은영	저도 종이책보다 전자책을 더 자주 봐요. 시간이나 공간의 제약 없이 언제든지 구매해서 볼 수 있잖아요.
소명	그런데 전자책은 읽기 불편하지 않아요?
은영	저도 처음에는 그럴까 봐 걱정했는데 사용해 봤더니 생각보다 편리하고 좋아요. 소명 씨도 전자책을 읽어 본 적 있어요?
소명	네. 그런데 저는 전자책을 읽으면 눈도 아프고 책도 빨리 안 읽히던데요.
은영	처음에는 그럴 수도 있지요. 그런데 익숙해지면 전자책이 더 편하게 느껴질 거예요. 가격도 저렴하고 종이책처럼 무겁게 들고 다닐 필요도 없으니까요.

1 다음 질문에 대답해 봅시다.

1) 은영 씨는 지금 스마트폰으로 무엇을 하고 있습니까?

2) 스마트 기기로 책을 보는 방법은 무엇입니까?

3) 소명 씨가 전자책이 불편하다고 느끼는 이유는 무엇입니까?

4) 은영 씨는 왜 전자책이 종이책보다 좋다고 생각합니까?

2 다음 표현을 공부하고 빈칸에 맞게 써 봅시다.

구매하다	전자책	저렴하다
다운로드 받다	깔다	오디오 북

1) _________________________ 귀로 듣는 책을 가리키는 말이다.

2) 나는 음원 사이트에서 좋아하는 노래를 컴퓨터에 _________________________.

3) 컴퓨터에 불필요한 프로그램을 많이 _________________________ 인터넷 속도가 느려졌다.

4) 계절이 지난 옷들은 _________________________ 살 수 있다.

3 다음 발음에 주의하여 문장을 읽어 봅시다.

- 아까부터 스마트폰으로 뭘 **그렇게** 보고 있어요?
- **앱을 깔고** 오디오 북을 **듣는** 사람들이 많아진 것 같아요.
- 전자책을 읽으면 눈도 아프고 책도 빨리 **안 읽히던데요**.

4 다음 상황에 맞게 대화 연습을 해 봅시다.

친구 1	친구 2
스마트 기기를 사용할 때의 편리함을 이야기한다.	스마트 기기를 사용하지 않는 이유와 사용할 때의 불편한 점을 이야기한다.

스마트 기기를 이용한 문화생활 

스마트 문화생활 증가 원인 

스마트 문화생활의 단점 

스마트 문화생활의 장점

> -았/었더니
> -(으)ㄹ 수도 있다

제7과 스마트 시대

1 다음을 보고 질문에 대답해 봅시다.

SNS(사회 관계망 서비스)

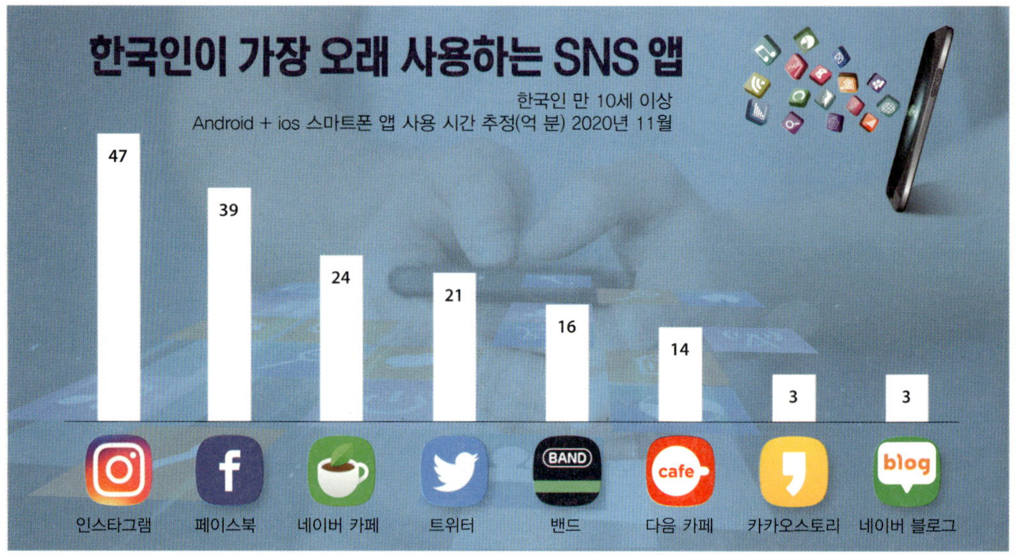

1) 한국 사람들이 가장 오래 사용하는 SNS는 무엇입니까?

2) 여러분이 오랫동안 사용하는 SNS는 무엇입니까?

2 여러분은 하루 중 언제 SNS를 사용합니까? SNS를 사용하는 목적은 무엇입니까? 아래의 표를 작성해 봅시다.

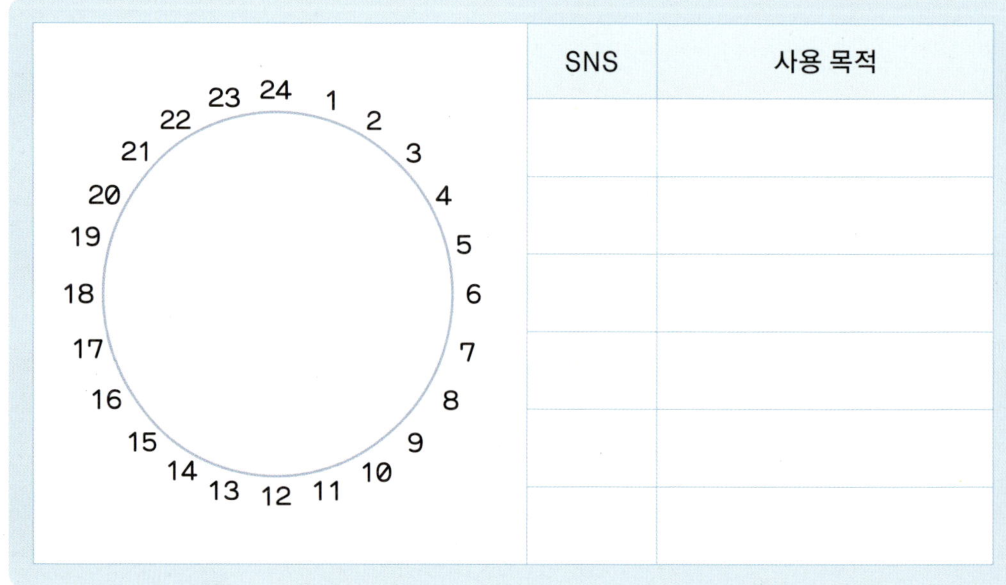

3 두 그룹으로 나누어 SNS 사용에 대해서 의견을 나누어 봅시다.

1) SNS를 사용하면 어떤 점이 좋습니까?

언제든 가족이나 친구와 안부를 주고받아요.

2) SNS 때문에 생길 수 있는 문제는 어떤 것들이 있습니까?

개인 정보가 유출될 수도 있어요.

3) 바람직한 SNS 사용을 위해 어떤 노력이 필요합니까?

3 스마트 시대 – 활동

1 다음을 듣고 맞으면 O, 틀리면 X 하십시오.

1) 남자는 취업 정보를 얻으려고 SNS를 매일 이용하다시피 한다.　　（　　）

2) 두 사람은 가스 불을 확인하러 집에 다시 돌아갈 것이다.　　（　　）

3) 남자는 스마트폰 때문에 건강에 문제가 생겼다.　　（　　）

4) 여자는 연예 기사에 댓글을 달지 못하는 것을 아쉬워한다.　　（　　）

2 다음을 듣고 질문에 답하십시오.

1 다음 중 들은 내용과 같은 것을 고르십시오.

① 남자는 학교 앞 식당에서 한 노인을 도운 적이 있다.

② 여자의 할머니는 아직 스마트폰을 사용하지 못한다.

③ 남자는 키오스크 설치가 늘어나는 것에 대해 반대한다.

④ 여자는 키오스크로 음식을 주문하는 게 쉽다고 생각한다.

2 두 사람은 스마트 기기 사용을 힘들어하는 노인들을 위해 어떤 대책이 필요하다고 생각합니까?

____

3 다음을 듣고 질문에 답하십시오.

1 다음 중 들은 내용과 다른 것을 고르십시오.

① 환자에게 약을 전달해 주는 로봇이 있다.

② 병원에서 로봇을 이용해 환자를 옮길 수 있다.

③ 현재 로봇 스스로 환자의 치료법을 찾아내고 있다.

④ 로봇이 의료진 대신에 환자의 상태를 관찰하고 있다.

2 로봇이 의사의 역할을 대신하려면 어떤 기술이 더 발전되어야 합니까?

____

4 다음을 듣고 질문에 답하십시오.

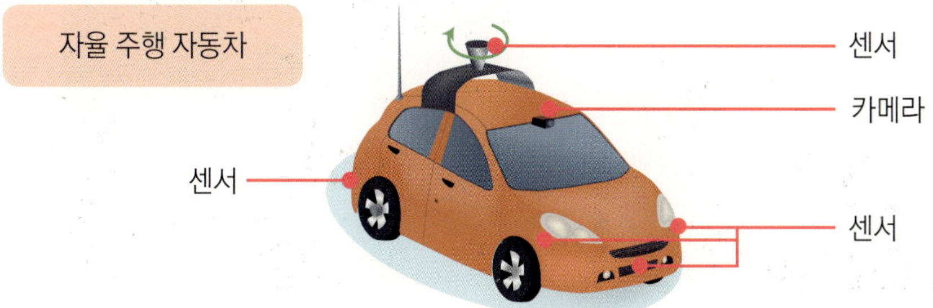

1 다음 중 들은 내용과 다른 것을 고르십시오.

① 이 자동차는 교통 표지판에 따라 속도를 조절한다.

② 이 자동차는 사고를 피하기 위해 스스로 멈출 수 있다.

③ 이 자동차는 운전자가 있는 곳까지 알아서 올 수 있다.

④ 이 자동차는 옆에서 달리는 차와 안전거리를 유지한다.

2 조사 결과 자율 주행 자동차가 안전하다고 생각하는 사람들의 비율은 어떻게 달라졌습니까?

㉠ 2017년: ＿＿＿＿＿＿＿＿＿　　㉡ 2018년: ＿＿＿＿＿＿＿＿＿　　㉢ 2019년: ＿＿＿＿＿＿＿＿＿

3 이 사람은 왜 자율 주행 자동차 시장이 더 커질 거라고 생각합니까?

＿＿

4 들은 내용을 요약해서 말해 봅시다.

5 다음 질문에 대답해 봅시다.

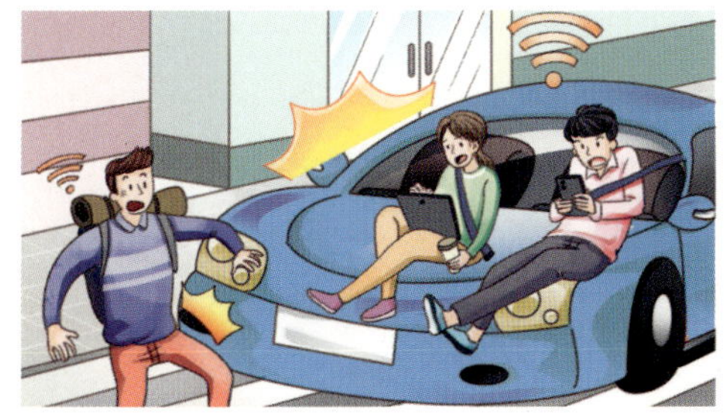

1) 여러분들은 자율 주행 자동차가 안전하다고 생각합니까?

2) 여러분들은 자율 주행 자동차를 이용할 생각이 있습니까?

1 다음 질문에 대답해 봅시다.

대면 면접

인공 지능(A.I) 면접

1) 대면 면접과 인공 지능 면접은 어떻게 다른가요?

2) 여러분은 대면 면접과 인공 지능 면접 중에 어떤 것을 더 선호하나요?

2 다음 글을 읽어 봅시다.

인공 지능(A.I) 면접 시대

최근 채용 과정에서 인공 지능(A.I)를 활용하는 기업들이 늘고 있다. 현재 국내 850개의 기업이 서류 심사에서 인적성 검사, 면접에 이르는 모든 과정에 인공 지능을 사용하고 있을 만큼 이제 인공 지능은 기업 채용 과정의 필수 요소 중 하나로 자리잡았다.

기업들이 이처럼 인공 지능을 채용 과정에 도입하는 이유는 효율성과 객관성이 높기 때문이다. 먼저 인공 지능을 활용하면 시간과 자원을 절약할 수 있다. 사람이 일일이 지원자들의 제출 서류를 검토하는 기존 방식에는 많은 인력과 시간이 필요하다. 예를 들어 만 명의 자기소개서를 평가하려면 인사 담당자 10명이 하루 8시간씩 일해도 거의 일주일이 걸리다시피 한다. 반면에 인공 지능이 자기소개서 하나를 평가하는 데에 걸리는 시간은 평균 3초이다. 만 명의 자기소개서를 평가하는 데에 8시간이면 충분하다.

또한 인공 지능을 면접에 활용하면 그동안 대면 면접의 문제로 지적되어 오던 채용 비리 등의 문제를 해결하고 지원자를 객관적으로 평가할 수 있다. 보통 대면 면접은 면접관의 취향이나 그날의 기분에 따라 결과가 달라질 수도 있기 때문에 주관적인 평가가 되기 쉽다. 하지만 인공 지능은 객관적인 데이터로만 지원자를 판단하기 때문에 공정한 평가가 가능하다.

물론 이러한 채용 방식에 대해 반대하는 의견도 있다. 인공 지능은 데이터로만 지원자를 평가하기 때문에 지원자의 성장 가능성을 판단할 수 없다. 또한 면접 과정에서 사람이 아닌 컴퓨터 화면을 보고 답하는 방식에 대한 지원자의 거부감도 적지 않다. 한 지원자는 "인공 지능 면접을 봤더니 면접 내내 긴장감이 떨어지고 불편했다. 미래에는 모르겠지만 아직은 인공 지능 면접을 실시하기엔 이른 것 같다."며 부정적 생각을 나타내기도 했다.

이처럼 채용 과정에 사용되고 있는 인공 지능은 장점과 단점이 공존한다. 기업의 한 인사 담당자는 "결국 인성과 잠재력을 가장 잘 판단하는 것은 사람이다. 인공 지능을 채용 시스템에 활용하더라도 결국 최종 채용은 사람이 판단하게 될 것이다."라고 말했다.

3 위의 글을 읽고 질문에 대답해 봅시다.

1 윗글의 내용과 맞으면 O, 틀리면 X 하십시오.

① 인공 지능은 서류 심사와 면접 등 모든 과정에 활용된다.　　　　　　(　　)

② 인공 지능으로 자기소개서 평가 시간을 줄일 수 있다.　　　　　　　(　　)

③ 인공 지능을 면접에 활용하면 채용 비리를 막을 수 있다.　　　　　　(　　)

④ 인공 지능은 지원자의 성장 가능성을 평가할 수 있다.　　　　　　　(　　)

2 대면 면접의 문제점이라고 생각되어 온 것은 무엇입니까?

____

4 다음 주제로 작문을 하십시오.

주제: 인공 지능(A.I)의 장점과 단점

1 앞으로 인공 지능이 어떤 분야에서 사용될 거라고 생각합니까?
(의료, 교육, 예술, 상담 등)

2 인공 지능이 그 분야에서 쓰인다면 어떤 장점이 있습니까?

3 인공 지능이 그 분야에서 쓰일 때 어떤 문제가 생길 수 있습니까?

8 한국의 전통 명절

학습 목표

1 명절의 종류와 풍습

어휘 | 여러 가지 명절, 명절 풍습
문법 | -(으)랴 -(으)랴, 얼마나 -(으)ㄴ/는지 모르다
대화 | 명절 풍경과 하는 일 말하기
말하기 | 각국의 명절 소개하기

2 전통 명절과 민간 신앙

어휘 | 민간 신앙(미신, 금기), 명절 풍습의 변화
문법 | -아/어 봤자, -느니 차라리
대화 | 명절의 금기 사항 말하기
말하기 | 명절 관련 민간 신앙 소개하기

3 한국의 전통 명절 - 활동

듣고 말하기 | 명절 풍습의 변화에 대해 듣고 말하기
읽고 쓰기 | 전통 명절에 대한 글 읽고 쓰기

1 명절의 종류와 풍습

1. 이번 명절에 사람들이 가장 많이 하는 것은 무엇입니까?

2. 여러분 고향 사람들은 명절에 보통 무엇을 합니까?

1 다음 표현을 공부하고 서로 관계있는 것을 연결해 봅시다.

1)
설
음력 1월 1일

2)
정월 대보름
음력 1월 15일

3)
단오
음력 5월 5일

4)
추석
음력 8월 15일

2 다음 표현을 공부하고 빈칸에 맞게 써 봅시다.

세배를 하다	차례를 지내다	설빔을 입다	성묘를 하다	씨름을 하다
떡국을 먹다	송편을 빚다	부럼을 깨물다	달맞이를 하다	그네를 타다

1) 정월 대보름에는 보름달이 뜨면 ________________ 소원을 비는 풍습이 있다.

2) 설에는 먼저 웃어른께 ________________ 친척 집을 방문한다.

3) 정월 대보름에는 일 년 동안 건강하게 지내라는 의미로 ________________ 먹는다.

4) 명절에는 미리 준비한 음식으로 ________________ 차례 음식을 먹는다.

5) 남자들은 단오 때 ________________ 풍습이 있었지만 요즘은 거의 사라지고 있다.

1. –(으)랴 –(으)랴

예문
- 이사를 해야 해서 집 보러 다니랴 물건 정리하랴 너무 힘들어요.
- 대학 입학을 하려고 하는데 학교 알아보랴 지원서 쓰랴 할 일이 많아요.

1 '–(으)랴 –(으)랴'를 사용해서 대답해 봅시다.

> **보기**
> **가:** 주말에는 좀 한가하시죠? (숙제를 하다/ 밀린 빨래를 하다)
> **나:** 아니에요. 숙제하랴 밀린 빨래 하랴 주말에도 바빠요.

1) 어제 동호회에 왜 안 나왔어요? (보고서를 쓰다/ 강의를 듣다)

2) 지난 방학에 어떻게 지냈어요? (아르바이트하다/ 취업 준비하다)

3) 요즘 여가를 즐길 시간이 있나요? (회사에 다니다/ 외국어 공부하다)

2 '–(으)랴 –(으)랴'를 사용해서 바쁜 이유에 대해 말해 봅시다.

1	유학하기 전에	비자를 받다/ 환전하다/ 방을 알아보다
2	출근 전에	가방을 챙기다/ 샤워를 하다/ 아침 식사를 준비하다
3	이사를 한 후에	짐 정리를 하다/ 주소 변경을 하다
4	결혼 전에	결혼식장을 예약하다/ 청첩장을 보내다

3 '–(으)랴 –(으)랴'를 사용해서 명절에는 어떤 일을 하는지 이야기해 봅시다.

> 우리 가족은 대청소하랴 할아버지 댁에 갈 준비하랴
> 정말 바빠요.

2. 얼마나 –(으)ㄴ/는지 모르다

> **예문**
> • 유학 생활이 얼마나 힘든지 몰라요.
> • 고향에 가는 날을 얼마나 기다렸는지 몰라요.

1 서로 관계있는 것끼리 연결해 봅시다.

1) 얼마나 어려운지 몰라요.　　　　•　　　　• 치타

2) 얼마나 보고 싶은지 몰라요.　　　•　　　　• 설악산

3) 얼마나 눈이 많이 오는지 몰라요.　•　　　　• 사랑하는 사람

4) 얼마나 빠른지 몰라요.　　　　　•　　　　• 취업

2 '얼마나 –(으)ㄴ/는지 모르다'를 사용해서 대답해 봅시다.

> **보기**
> 가: 지금 살고 있는 방이 어때요? (월세가 많이 올랐다)
> 나: 월세가 얼마나 많이 올랐는지 몰라요.

1) 요즘 생활하기가 어때요? (바쁘다)

2) 지난 여름은 정말 더웠죠? (더웠다)

3) 제가 만든 닭갈비가 맛있었지요? (맛있었다)

4) 명절에는 고속도로가 많이 막히죠? (길이 막히다)

3 '얼마나 –(으)ㄴ/는지 모르다'를 사용해서 명절에 대해 이야기해 봅시다.

우리집은 명절에 음식을 얼마나 많이 준비하는지 몰라요.

세뱃돈을 받으면 얼마나 기분이 좋은지 몰라요.

페이	설에 고향 갈 생각을 하니까 설레죠?
서준	네. 그런데 기차표 예매하랴 가족들 선물 사랴 좀 바빴어요.
페이	명절에는 귀성객들이 많아서 표를 구하기가 힘들다고 하던데 잘 샀어요?
서준	네. 이번에는 기차표를 샀는데 명절에는 기차표나 고속버스표 구하기가 얼마나 어려운지 몰라요. 표 사기가 하늘의 별 따기예요.
페이	표를 구할 수 있어서 정말 다행이네요. 근데 한국 사람들은 설날에 보통 뭘 해요?
서준	조상님께 차례를 지내고 웃어른들께는 세배를 드려요. 그리고 떡국을 먹는 풍습이 있는데 떡국을 먹으면 나이를 한 살 더 먹는다고 생각해요.
페이	서준 씨는 고향에 갈 수 있어서 좋겠네요. 정말 부러워요. 저는 고향 친구들하고 만두를 만들어 먹으려고 해요.
서준	고향에는 못 가지만 페이 씨도 친구들하고 설날 연휴 재미있게 보내세요. 그리고 새해 복 많이 받으세요.

1 **다음 질문에 대답해 봅시다.**

1) 서준 씨는 요즘 무엇 때문에 바쁘게 지냈습니까?

2) 명절 연휴 기차표 사기가 얼마나 어렵다고 합니까?

3) 한국 사람들은 설날에 보통 뭘 합니까?

4) 설 명절에는 어떻게 인사합니까?

2 다음 표현을 공부하고 빈칸에 맞게 써 봅시다.

설레다	귀성객	웃어른	세배를 드리다
나이를 먹다	풍습	부럽다	복을 받다

1) 나는 고향에 갈 수 없어서 명절에 고향에 가는 친구가 _______________________.

2) 이번 명절 연휴는 긴 편이라서 작년보다 _______________________ 늘 것이라고 한다.

3) 지난 설날에는 차례를 지내고 친척 어른들께 _______________________ 갔다.

4) 오랜만에 친구들과 여행 갈 생각을 하니까 마음이 _______________________.

3 다음 발음에 주의하여 문장을 읽어 봅시다.

- 설에 **고향 갈 생각을 하니까 설레죠**?
- **조상님께** 차례를 지내고 **웃어른들께는** 세배를 드려요.
- **설날 연휴 재미있게** 보내세요.

4 다음 상황에 맞게 대화 연습을 해 봅시다.

친구1	친구2
명절 준비와 명절에 하는 일에 대해 묻는다.	명절에 하는 일과 명절 인사를 소개한다.

명절 준비

명절 풍경

명절에 하는 일

명절 계획과 명절 인사

-(으)려 -(으)려
얼마나 -(으)ㄴ/는지 모르다

1 다음을 보고 질문에 대답해 봅시다.

설

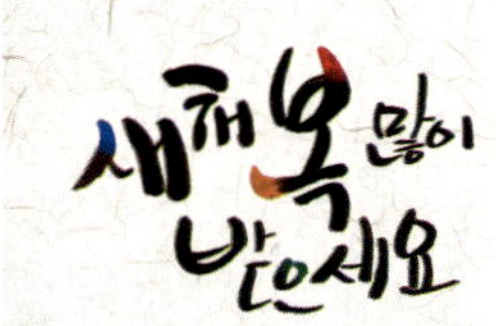

새해에도 사랑과 평안이 가득하시길 바랍니다.

새해에는 소망하는 일들 모두 이루시고, 늘 행복하고 건강하세요.

추석

1) 설에 어떤 인사말을 주고받습니까?

2) 추석에는 어떤 인사말을 주고받습니까?

3) 여러분 나라에서는 명절에 어떤 인사말을 합니까?

2 명절에 먹는 음식과 그 음식의 의미에 대해 이야기해 봅시다.

나라	명절 음식	재료	의미
한국	설날 – 떡국	흰 가래떡, 고기나 생선	• 흰 떡을 먹는 것은 깨끗한 마음으로 새해를 새로 맞이하라는 의미가 있다. • 가래떡을 길게 만드는 것은 장수와 재물 복을 기원하는 의미가 있다.

3 명절에 하는 놀이에는 어떤 것이 있는지 알아봅시다.

1) 윷놀이 방법을 알아보고 게임을 해 봅시다.

민속놀이 이름	윷놀이
준비물	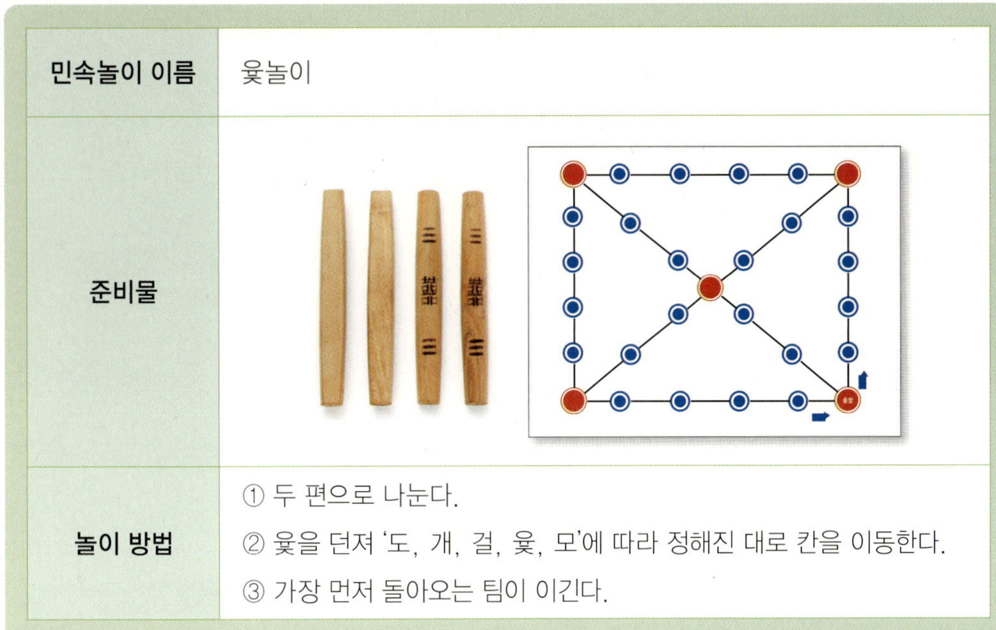
놀이 방법	① 두 편으로 나눈다. ② 윷을 던져 '도, 개, 걸, 윷, 모'에 따라 정해진 대로 칸을 이동한다. ③ 가장 먼저 돌아오는 팀이 이긴다.

2) 여러분 나라의 명절 민속놀이를 소개해 봅시다.

4 다음과 같이 여러분 나라의 명절을 소개해 봅시다.

명절 이름	설(음력 1월 1일)
의미	새해 첫날에 조상님을 모시고 한 해의 복을 비는 날
명절 음식과 의미	떡국/깨끗하게 새해를 새로 맞이하라는 의미
민속놀이	윷놀이와 연날리기

　설은 음력 1월 1일인데 이날은 새해 첫날에 조상님을 모시고 한 해의 복을 비는 날입니다. 설날에 한국 사람들은 떡국과 여러 가지 차례 음식을 먹는데 떡국은 깨끗하게 새해를 새로 맞이하라는 의미가 있습니다. 그리고 가래떡을 길게 만드는 것은 가래떡이 늘어지는 것처럼 새해에 건강도 지키고 돈도 많이 벌라는 의미가 있습니다. 설날에 하는 대표적인 놀이로는 윷놀이와 연날리기가 있습니다. 특히 윷놀이는 온 가족과 친지들, 마을 사람들이 둥그렇게 둘러앉아 하는 놀이인데 윷과 말판만 있으면 어디서든지 즐길 수 있는 놀이입니다.

2 전통 명절과 민간 신앙

출처: blog.naver.com/whalswjd6505

1 이 사람들은 무엇을 하고 있습니까?

2 여러분도 이런 곳에 가거나 본 적이 있습니까?

1 다음 표현을 공부하고 빈칸에 맞게 써 봅시다.

> 복을 빌다　　　　복을 받다　　　　복이 나가다
>
> 복을 타고나다　　　점을 보다　　　　미신을 믿다

1) 우리 어머니는 다리를 떨면 ＿＿＿＿＿＿＿＿＿＿＿ 생각해서 못 하게 하셨다.

2) 우리 할머니께서는 점쟁이를 찾아가서 내가 언제쯤 결혼할지 ＿＿＿＿＿＿＿＿＿＿＿.

3) 착한 일을 하면 언젠가는 ＿＿＿＿＿＿＿＿＿＿＿ 착하게 살아야 한다.

4) 첨단 과학이 발달한 현대 사회에도 ＿＿＿＿＿＿＿＿＿＿＿ 사람들은 빨간색으로 이름을 쓰지 않을 때가 있다.

5) 옛날 한국 사람들은 정월 대보름에 달을 보면서 한 해의 ＿＿＿＿＿＿＿＿＿＿＿.

2 다음 표현을 공부하고 달라진 명절 풍습에 대해 이야기해 봅시다.

전통 명절

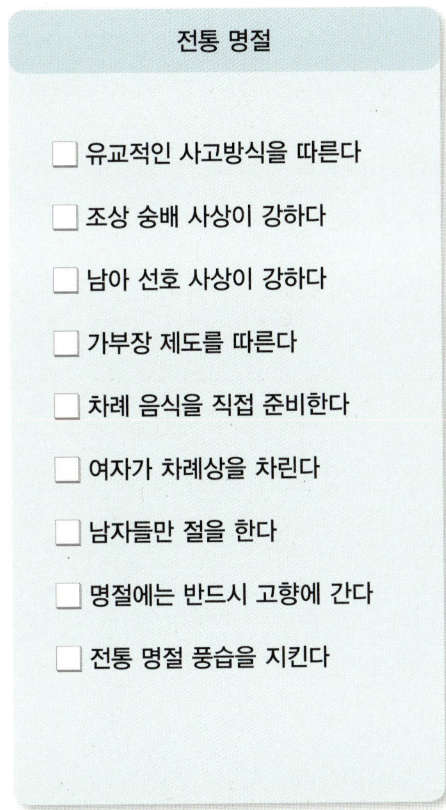

☐ 유교적인 사고방식을 따른다

☐ 조상 숭배 사상이 강하다

☐ 남아 선호 사상이 강하다

☐ 가부장 제도를 따른다

☐ 차례 음식을 직접 준비한다

☐ 여자가 차례상을 차린다

☐ 남자들만 절을 한다

☐ 명절에는 반드시 고향에 간다

☐ 전통 명절 풍습을 지킨다

→

현대 명절

☐ 여자들도 차례를 지낸다

☐ 남자들도 차례 음식을 준비한다

☐ 전통 명절 풍습이 사라지고 있다

예문
- 지금 밤 11시니까 약국에 가 봤자 문을 닫았을 거예요.
- 다음 학기에 대학교에 입학해 봤자 한국어로 강의를 듣는 것은 어려울 거예요.

1 '–아/어 봤자'를 사용해서 대답해 봅시다.

보기
가: 수업에 많이 늦었는데 우리 택시를 탈까요? (택시를 타다/ 지각하다)
나: 너무 늦어서 택시를 타 봤자 지각할 거예요.

1) 오늘부터 연습하면 노래를 잘할 수 있겠죠? (연습하다/ 잘할 수 없다)

2) 고장 난 컴퓨터를 서비스 센터에 맡기지 그래요? (수리를 맡기다/ 고칠 수 없다)

3) 사장님한테 월급을 올려 달라고 말해 볼 거예요. (말하다/ 안 올려 주다)

2 '–아/어 봤자'를 사용해서 말해 봅시다.

1	부모님한테 부탁해 봤자 소용이 없는 일
2	지금부터 배워 봤자 잘할 수 없는 일
3	선생님한테 부탁해 봤자 안 되는 일
4	친구한테 말해 봤자 안 되는 일

3 '–아/어 봤자'를 사용해서 소용없는 일에 대해 말해 봅시다.

길이 막혀서 일찍 출발해 봤자 고향 집에 늦게 도착할 거예요.

2. -느니 차라리

예문
• 입학시험에 세 번이나 떨어졌는데 다시 공부하느니 대학을 포기하겠어요.
• 사람이 붐비는 곳에 여름휴가를 가느니 차라리 집에 있는 게 더 낫겠어요.

1 '-느니 차라리'를 사용해서 문장을 완성해 봅시다.

보기 거짓말을 하느니 차라리 아무 말도 안 하겠어요.

1) 거짓말을 하다   굶는 것이 좋겠다

2) 재미없는 영화를 보러 가다   혼자 사는 것이 낫겠다

3) 맛없는 음식을 먹다   아무 말도 안 하겠다

4) 사랑이 없는 결혼을 하다   집에서 청소나 하겠다

2 '-느니 차라리'를 사용해서 대답해 봅시다.

보기 가: 이 아파트에서는 강아지를 키울 수가 없어요.
(강아지를 못 키우다/ 다른 집으로 이사하다)
나: 강아지를 못 키우느니 다른 집으로 이사하겠어요.

1) 이거 엄마가 옛날에 입던 옷인데 너 입을래? (이 옷을 입다/ 벗고 나가다)

2) 이거 10년 전에 산 컴퓨터인데 네가 사용할래? (오래된 컴퓨터를 사용하다/ 핸드폰을 사용하다)

3) 요즘 좀 덥지만 주말에 같이 등산할까요? (더운 날 등산하다/ 잠이나 자다)

4) 맛은 없지만 버리면 아까우니까 이거 같이 먹자. (맛없는 것을 먹다/ 컵라면을 먹다)

3 '-느니 차라리'를 사용해서 명절에 대해 말해 봅시다.

비싼 비행기 표를 사서 고향에 가느니 차라리 한국에 있겠어요.

다니엘	명절 음식 준비하는 것이 보통 일이 아니네요.
서준 어머니	이것도 옛날에 비하면 간소해진 거야.
다니엘	이렇게 힘들게 음식을 만드느니 차라리 사는 게 낫지 않으세요?
서준 어머니	그래도 차례 음식은 집에서 정성껏 만드는 것이 중요하지. 집에서 만든 음식은 맛도 더 좋고.
다니엘	이거 정말 맛있어 보이는데 맛 좀 봐도 될까요?
서준 어머니	이건 차례 상에 올리는 거라서 미리 맛을 보면 안 되고 조상님이 음식을 먼저 드신 후에 우리가 먹어야 돼. 저쪽에 담아 놓은 음식은 먹어도 괜찮으니까 한번 먹어 봐.
다니엘	저는 이런 음식은 처음 먹어 보는데 정말 맛있네요. 하지만 음식을 이렇게 만들어 봤자 돌아가신 분들은 드시지도 못하잖아요.
서준 어머니	한국 사람들은 어른을 공경할 때 살아 계시는 분이나 돌아가신 분이나 다 똑같이 공경해야 한다고 생각해. 그리고 차례 상에 음식을 올리면 돌아가신 분들도 이 음식을 드신다고 생각해서 정성껏 음식을 만드는 거지.

1 다음 질문에 대답해 봅시다.

1) 명절 음식을 준비하는 것이 어떻게 달라졌습니까?

2) 서준 씨의 어머니는 명절 음식을 준비할 때 중요한 것이 뭐라고 생각합니까?

3) 다니엘 씨는 차례 음식을 만드는 것에 대해 어떻게 생각합니까?

4) 한국 사람들이 차례 음식을 올리는 이유는 무엇입니까?

2 다음 표현을 공부하고 빈칸에 맞게 써 봅시다.

보통 일이 아니다	정성껏	담다
상에 올리다	공경하다	간소하다

1) 어버이날에 부모님께 손 편지를 ________________________ 써서 보냈다.

2) 사과를 접시에 ____________________ 할머니께 드렸다.

3) 요즘도 노인을 __________________ 마음이 많이 남아 있어서 노인에게 자리를 양보한다.

4) 추석에는 송편을 ____________________ 차례를 지낸다.

3 다음 발음에 주의하여 문장을 읽어 봅시다.

- 명절 음식 준비하는 것이 **보통 일이 아니네요**.
- 차례 음식은 집에서 **정성껏 만드는 것이** 중요하지.
- 이렇게 **만들어 봤자** 돌아가신 분들은 **드시지도 못하잖아요**.

4 다음 상황에 맞게 대화 연습을 해 봅시다.

친구 1	친구 2
현대적인 사고방식을 가지고 명절 풍습이 바뀌면 좋겠다고 한다.	전통적인 사고방식을 가지고 명절 풍습을 지키는 것이 좋겠다고 한다.

-아/어 봤자
-느니 차라리

현대 명절 풍습

↓

현대 명절 풍습에 대한 생각

↓

전통 명절 풍습

↓

전통 명절 풍습에 대한 생각

1 다음을 보고 질문에 대답해 봅시다.

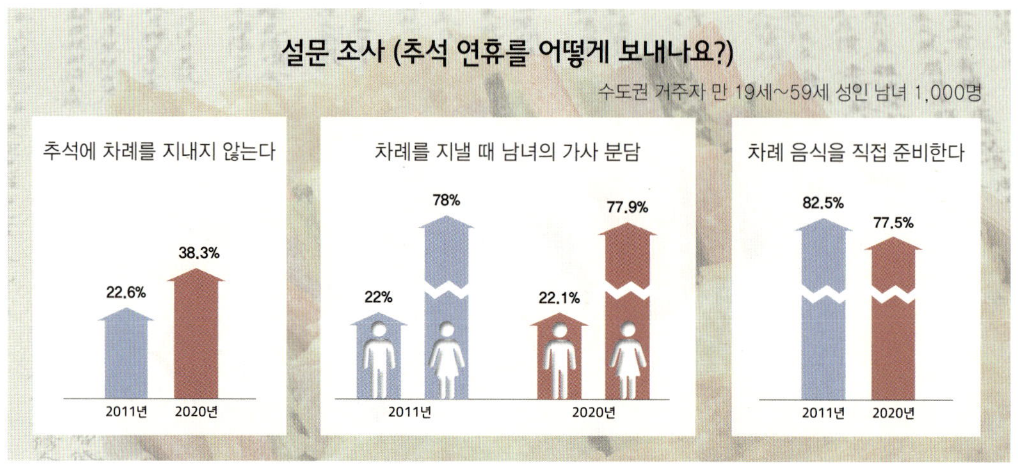

1) 2011년과 비교해서 명절 풍습이 어떻게 변화했습니까?

2) 이 설문 조사 결과에 대한 여러분의 생각은 어떻습니까?

2 여러분의 나라나 고향에서는 전통 명절이 어떻게 변화했는지 알아보고 이에 대한 여러분의 생각을 말해 봅시다.

	전통 명절	현대 명절
1	명절에는 반드시 고향에 가야 한다.	
2		
3		

나의 생각:

3 명절 관련 민간 신앙에 대해 이야기해 봅시다.

1) 명절과 관련된 여러분 나라의 민간 신앙에 대해 알아봅시다.

한국	1. 섣달 그믐날 밤에 잠을 자면 눈썹이 하얘진다. 2. 정월 초하루에는 머리를 감지 않는다. 3. 정월 초하루 아침에 빗자루 청소를 하면 복이 나간다. 4. 정월 대보름에 나쁜 귀신이 도망가라는 의미로 부럼을 깨물어 먹는다. 5. 추석에 송편을 예쁘게 빚으면 예쁜 딸을 낳는다.
( )	

2) 다른 나라의 민간 신앙을 듣고 소개해 봅시다.

나라	명절	하는 일	하면 안 되는 일	이유
한국	설날	–	청소를 하면 안 된다.	복이 나간다.
한국	정월 대보름	부럼을 깨물어 먹는다.	–	• 나쁜 귀신이 도망을 간다. • 피부병이 안 생기고 건강해진다.

3 한국의 전통 명절 – 활동

1 다음을 듣고 맞으면 O, 틀리면 X 하십시오. 

1) 남자는 고향에 가는 기차표를 구할 수 있었다. ( )

2) 요즘 단오에 강릉에서 축제가 열린다. ( )

3) 여자는 고향에 갈 때 고속버스로 4시간 걸렸다. ( )

4) 요즘은 차례를 지내는 사람보다 여행을 가는 사람이 더 많다. ( )

2 다음을 듣고 질문에 답하십시오. 

1 다음 중 들은 내용과 같은 것을 고르십시오.

① 여자는 요즘도 추석에 송편을 만든다.

② 여자는 송편을 예쁘게 만들어서 예쁜 딸을 낳았다.

③ 여자의 어머니는 일주일 전에 송편을 만들어 놓는다.

④ 여자의 할머니는 차례를 안 지내는 것을 더 좋아한다.

2 "송편을 예쁘게 만들면 예쁜 딸을 낳는다."라는 옛날 말에는 어떤 의미가 들어 있습니까?

____

3 다음을 듣고 질문에 답하십시오. 

1 다음 중 들은 내용과 같은 것을 고르십시오.

① 이 행사에서는 연기자들의 공연을 볼 수 있다.

② 이 행사는 연세가 많으신 분들을 위한 행사이다.

③ 이 행사는 직접 농촌에 가서 체험해 보는 행사이다.

④ 이 행사에 가면 전통 가옥에서 생활해 볼 수 있어서 좋다.

2 이 행사는 한국인들과 외국인들에게 어떤 점이 유익합니까?

㉠ 한국인: _______________________   ㉡ 외국인: _______________________

4 다음을 듣고 질문에 답하십시오. 

출처: blog.naver.com/wildblue

1 다음 중 들은 내용과 같은 것을 고르십시오.

① 차례 문화를 지키겠다는 사람들이 점점 늘어나고 있다.

② 조사 대상자 중에 차례를 지내지 않는 사람들이 더 많다.

③ 60대는 과거의 방식대로 명절 음식을 준비해야 한다고 생각한다.

④ 30대는 가족이 즐기기 위해 차례 상을 준비해야 한다고 생각한다.

2 20대 젊은 층의 명절 차례 문화에 대한 의견은 어떻습니까?

____

3 차례 문화 전통을 이어 가기 위해 필요한 것은 무엇입니까?

____

4 들은 내용을 요약해서 말해 봅시다.

5 다음 질문에 대답해 봅시다.

1) 전통 명절의 본래 의미는 뭐라고 생각합니까?

2) 전통 명절은 계속 지켜 나가는 것이 좋겠습니까? 아니면 변화되는 것이 좋겠습니까?
그 이유는 무엇입니까?

1 다음 질문에 대답해 봅시다.

| 달집태우기 | 쥐불놀이 | 다리밟기 | 오곡밥, 부럼 |

1) 이 사진은 무엇을 나타내는 것인가요?

2) 여러분의 고향에도 이런 민속놀이가 있나요?

2 다음 글을 읽어 봅시다.

정월 대보름

◆ **의미**

정월 대보름은 음력 1월 15일인데 일 년 열두 달 중 첫 보름달이 뜨는 날이다. 주로 농사를 지으며 살았던 옛날 한국인들은 달의 역할을 중요하게 생각해서 정월 대보름을 설날 같은 명절로 여겼다. 이날 사람들은 보름달을 보고 소원을 빌면 그 소원이 반드시 이루어진다고 생각해서 너나 할 것 없이 소원을 빌었는데 현대에도 여러 가지 풍습과 민속놀이가 남아 있다.

◆ **풍습**

정월 대보름에는 재미있는 풍습이 많다. 이날 아침에는 '부럼 까기'를 한다. 부럼 까기는 호두나 잣, 밤, 땅콩 등을 까서 먹는 것을 말하는데 부럼을 까서 먹으면 일 년 동안 얼굴에 부스럼이 생기지 않는다고 생각했다. 실제로 부럼에는 피부에 좋은 것이 많이 들어 있어서 피부병을 막을 수 있다고 한다. 또 부럼을 까는 통에 시끄러운 소리가 나서 나쁜 귀신들이 도망간다고도 생각했다. 그리고 '귀밝이술 마시기'를 한다. 정월 대보름날 아침에 '귀밝이술'이라는 차가운 술을 한 잔씩 마시면 귀가 밝아지고 일 년 동안 즐거운 소식을 듣는다고 믿었다. '더위팔기'란 것도 있다. 아침에 "○○야!" 하고 친구를 불렀을 때, 친구가 "응?" 하고 대답하면 그 친구가 내 더위까지 사게 되어 그해 여름에는 별로 덥지 않게 지낸다고 한다. 더운 여름을 피하고 싶어 하는 조상들의 마음을 알 수 있는 풍습이다.

◆ 놀이

  정월 대보름에는 연날리기, 달맞이, 쥐불놀이, 다리밟기 등의 놀이를 했다. 다리밟기는 큰 다리 위를 자기 나이 수만큼 건너는 것인데, 이 놀이를 하면 일 년 동안 다리가 건강해진다고 믿었다. 그리고 밤에는 달맞이를 하는데 이때 보름달이 뜨는 것을 보면서 소원을 빌었다고 한다.

◆ 음식

  정월 대보름에는 오곡밥과 나물을 먹는다. 오곡밥은 다섯 가지의 곡식으로 만든 밥이다. 여기에 묵은 나물을 삶아서 기름에 볶아 먹는데 한국 사람들은 정월 대보름에 오곡밥과 묵은 나물을 먹으면 일 년 동안 건강하게 지낼 수 있다고 믿었다.

3 **위의 글을 읽고 질문에 대답해 봅시다.**

1 윗글의 내용과 맞으면 O, 틀리면 X 하십시오.

① 정월 대보름은 새해 첫 번째 보름달이 뜨는 날이다.　　　　　　(　)

② 부럼에는 피부병에 좋은 성분이 들어 있다.　　　　　　　　　(　)

③ 옛날 사람들은 쥐불놀이를 하면서 소원을 빌었다.　　　　　　(　)

④ 정월 대보름에는 다섯 가지의 나물을 먹는 풍습이 남아 있다.　(　)

2 정월 대보름에 하는 풍습 세 가지는 무엇입니까?

㉠ ________________________________　　㉡ ________________________________

㉢ ________________________________

4 **다음 주제로 작문을 하십시오.**

주제: 전통 명절

1 전통 명절의 이름은 무엇입니까? 그 명절은 언제입니까?

2 그 명절의 의미는 무엇입니까?

3 그 명절의 특별한 풍습과 민속놀이에는 어떤 것이 있습니까?

역사 속의 인물

학습 목표

1 한국 역사 속의 인물

어휘 | 역사 시대 구분, 역사 인물의 업적
문법 | -다가 보니(까), (이)야말로
대화 | 드라마 속 역사 인물에 대해 이야기하기
말하기 | 자기 나라의 역사 인물 소개하기

2 세계 역사 속의 인물

어휘 | 역사 인물의 유형, 역사 인물의 특성
문법 | (으)로 보아서는, 은/는커녕
대화 | 존경하는 역사 인물에 대해 이야기하기
말하기 | 역사 인물의 일화 발표하기

3 역사 속의 인물 – 활동

듣고 말하기 | 역사 인물의 삶과 업적에 대해 듣고 말하기
읽고 쓰기 | 인생의 롤 모델에 대한 글 읽고 쓰기

1 위 책의 제목은 무엇입니까? 어떤 내용일 것 같습니까?

2 여러분은 어렸을 때 누구의 위인전을 읽었습니까?

1 다음 표현을 공부하고 한국의 역사 시대에 대해 말해 봅시다.

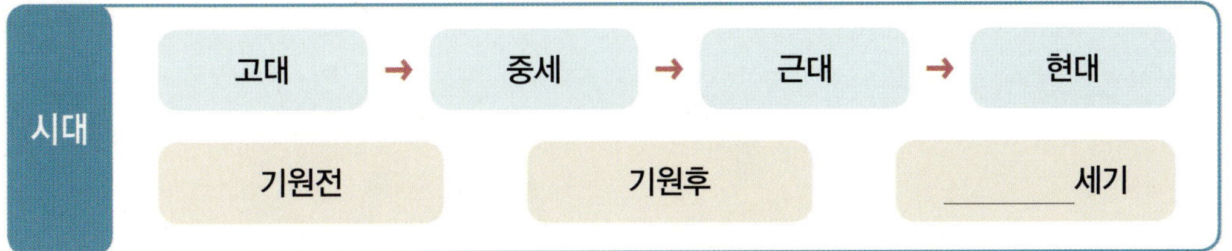

2 다음 표현을 공부하고 빈칸에 맞게 써 봅시다.

역사를 빛내다	업적을 남기다	나라를 세우다	나라를 지키다
공을 세우다	기여하다	힘쓰다	발명하다

1) 이성계는 1392년 새로운 ___________________ 이름을 '조선'이라고 하였다.

2) 수업 시간에 한국의 ___________________ 인물들을 소개하는 다큐멘터리를 봤다.

3) 에디슨이 전구를 ___________________ 후로 우리의 생활은 놀랄 만큼 변화되었다.

4) 이 국립묘지는 전쟁에서 큰 ___________________ 돌아가신 분들을 모셔 놓은 곳이다.

5) 허준은 조선 시대 의원으로 '동의보감'을 편찬하는 등 많은 연구 ___________________.

제9과 역사 속의 인물

1. –다가 보니(까)

예문
- 꾸준히 운동하다가 보니까 살도 빠지고 건강도 좋아진 것 같다.
- 반 친구들과 날마다 같이 공부하다 보니 정이 많이 들었다.

1 '–다가 보니(까)'를 사용해서 문장을 연결해 봅시다.

> **보기** 친구하고 수다를 떨다 + 스트레스가 풀린 것 같다
>
> → 친구하고 수다를 떨다가 보니 스트레스가 풀린 것 같다.

1) 일을 계속 미루다 + 할 일이 많이 쌓였다 → ________________________.

2) 수업을 듣다 + 전공이 내 적성에 잘 맞는 것 같다 → ________________________.

3) SNS를 이용하다 + 사생활을 침해받을 때가 많다 → ________________________.

2 '–다가 보니(까)'를 사용해서 대화를 완성해 봅시다.

1) **가:** 페이 씨, 요즘 한국 친구가 많이 생긴 것 같아요.

   나: 네. (동아리 활동에 참여하다) ________________________

2) **가:** 부서를 옮겼다면서요? 업무가 익숙하지 않아서 힘들겠어요.

   나: 이제 괜찮아요. (몇 달 일하다) ________________________.

3) **가:** 예전에는 한국 음식이 입에 안 맞는다고 하더니 이제 잘 먹네요.

   나: 네. (날마다 먹다) ________________________.

3 '–다가 보니(까)'를 사용해서 여러분에게 영향을 준 역사 인물에 대해 말해 봅시다.

> 역사 인물에 대해 이야기하다 보니까 __________이/가 저한테 가장 큰 영향을 준 것 같아요.

2. (이)야말로

예문
- 신라야말로 불교 문화가 크게 발달했던 국가라고 할 수 있다.
- 한글을 창제한 것이야말로 세종대왕의 업적 중 가장 훌륭한 업적이다.

1 '(이)야말로'를 사용해서 문장을 완성해 봅시다.

> **보기** 독서야말로 지식을 쌓을 수 있는 제일 좋은 방법인 것 같다.

1) 독서 ·　　　　　　　　　　　· 야외 활동을 하기 좋은 계절이다.

2) 가을 ·　　　　　　　　　　　· 한국의 대표적인 고궁이라고 할 수 있다.

3) 경복궁 ·　　　　　　　　　　　· 조선 시대 최고의 장군이라고 할 수 있다.

4) 제주도 ·　　　　　　　　　　　· 외국인이 가장 선호하는 한국의 여행지이다.

5) 이순신 ·　　　　　　　　　　　· 지식을 쌓을 수 있는 제일 좋은 방법인 것 같다.

2 '–(으)ㄴ/는 것이야말로'를 사용해서 대답해 봅시다.

1) 집을 구할 때 가장 중요한 것이 뭐예요? (교통이 편리하다)

2) 건강을 유지하려면 어떻게 해야 돼요? (규칙적으로 생활하다)

3) 외국 생활을 하면 어떤 점이 가장 힘든가요? (가족과 떨어져서 살다)

4) 지금까지 살면서 제일 잘한 일이 뭐라고 생각해요? (한국에 유학을 왔다)

3 '(이)야말로'를 사용해서 여러분 나라의 유명한 인물에 대해 말해 봅시다.

> 아인슈타인이야말로 세계 최고의 과학자라고 할 수 있어요.

> 장영실이야말로 조선 시대 과학 발전에 크게 기여한 분이에요.

19

로안 한국인들은 역사에 관심이 많은가 봐요. 한국 드라마를 시청하다가 보니 역사적인 내용이나 역사적인 인물을 소재로 한 것이 꽤 많던데요.

서준 네. 특히 역사적으로 유명한 분들의 이야기는 대부분 큰 인기를 끌었어요.

로안 저도 옛날에 '주몽'이라는 한국 드라마를 재미있게 봤는데, 고구려를 건국한 왕에 대한 이야기였어요. 보통 이렇게 왕에 대한 이야기가 많은가요?

서준 왕이나 왕 주변 인물들이야말로 드라마의 단골 소재죠. 근데 역사 드라마 중에서 사실 가장 인기가 있었던 건 '대장금'이라는 조선 시대 의녀 이야기인 것 같아요.

로안 아, 저도 그 드라마 기억나요. 근데 역사 인물에 대한 내용이 매번 이렇게 큰 인기를 얻는 이유가 뭘까요?

서준 힘든 상황에서도 어려움을 극복하는 삶을 보여 주기 때문이겠죠.

로안 그런 것 같네요. 저는 사극을 꾸준히 보다 보니까 한국의 역사나 문화를 더 쉽고 재미있게 이해할 수 있었어요.

서준 맞아요. 드라마의 내용이 가끔 역사적 사실과 다를 때도 있지만 역사에 관심이 없던 사람들에게 역사에 대한 흥미를 갖게 해 주기도 해요.

1 다음 질문에 대답해 봅시다.

1) 로안 씨는 왜 한국인들이 역사에 관심이 많다고 생각합니까?

2) 서준 씨는 어떤 인물이 드라마의 소재로 많이 나온다고 했습니까?

3) 서준 씨는 역사 인물 드라마가 인기 있는 이유를 뭐라고 생각합니까?

4) 로안 씨는 사극을 꾸준히 보면서 어떤 좋은 점을 느꼈습니까?

2 다음 표현을 공부하고 빈칸에 맞게 써 봅시다.

| 역사적 | 소재 | 꽤 | 건국하다 |
| 단골 | 의녀 | 인기를 얻다 | 사극 | 흥미를 갖다 |

1) 그 식당은 ________________________ 손님들에게 음료수를 서비스로 준다.

2) 그 감독은 이번에 가족의 사랑을 ________________________ 영화를 만들었다.

3) 나는 역사에 관심이 많아서 드라마 중 ________________________ 제일 좋아한다.

4) 단군은 기원전 2333년에 고조선을 ________________________ 최초의 임금이다.

3 다음 발음에 주의하여 문장을 읽어 봅시다.

- **역사적인** 인물을 소재로 한 것이 **꽤 많던데요**.

- 가장 인기가 **있었던** 건 **'대장금'이라는** 조선 시대 의녀 이야기인 것 같아요.

- 힘든 **상황에서도** 어려움을 **극복하는** 삶을 보여 주기 때문이겠죠.

4 다음 상황에 맞게 대화 연습을 해 봅시다.

친구 1	친구 2
재미있게 본 역사 인물 드라마와 사극 시청의 좋은 점에 대해 말한다.	사극의 단골 소재와 역사 인물 드라마의 인기 이유를 말한다.

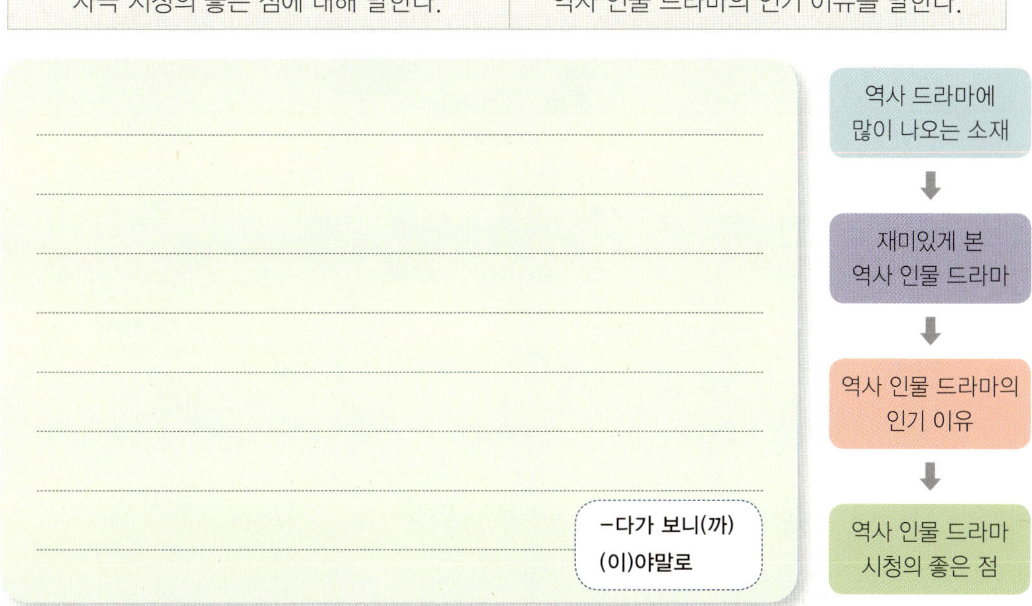

1 한국의 화폐 속 인물에 대해 알아보고 질문에 대답해 봅시다.

신사임당(1504~1551)
조선 중기 시인이자 화가로 시와 글과 그림에 뛰어난 능력을 보였다.

세종대왕(1397~1450)
조선 제4대 임금으로 한글을 창제하고 정치·과학·문화 등에서 큰 업적을 남겼다.

이이(1536~1584)
조선 중기의 학자이자 정치가로 높은 벼슬을 지냈고 학문에 힘썼다.

이황(1501~1570)
조선 중기의 학자로 도산서원을 세운 후에 제자 양성과 학문에 힘썼다.

이순신(1545~1598)
조선 중기의 장군으로 거북선을 만들어 나라를 지키는 데 큰 공을 세웠다.

__________ (~)

1) 한국의 화폐 속 인물들은 어떤 업적을 남긴 인물들입니까?

2) 여러분 나라의 화폐에는 어떤 인물이 있습니까? 어떤 업적을 남겼습니까?

2 다음을 보고 질문에 대답해 봅시다.

1) 세종대왕은 어린 시절을 어떻게 보냈습니까?

2) 세종대왕이 남긴 업적에는 어떤 것들이 있습니까?

3 여러분 나라의 역사 인물에 대해 아래와 같이 소개해 봅시다.

1) 다음과 같이 빈칸을 채워 봅시다.

	한국	
이름	세종대왕(1397년~1450년)	
시대	조선 초기	
신분	조선 제4대 임금	
업적	① 집현전을 설치하고 인재를 양성함.	
	② 한글(훈민정음)을 창제함.	
	③ 과학 기술을 발전시킴.	

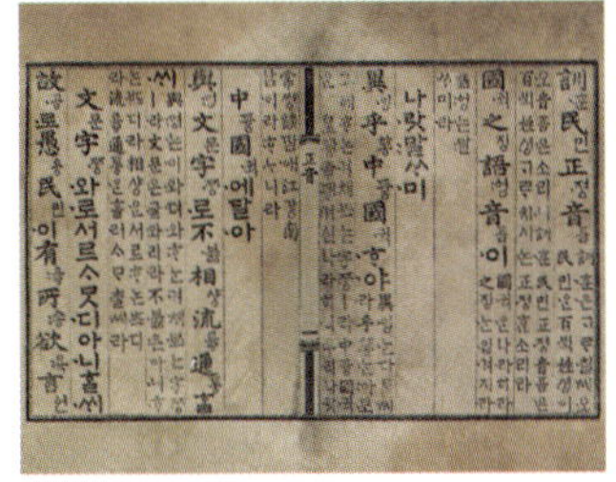   

2) 다음과 같이 역사 인물에 대해 발표해 봅시다.

저는 한국에서 가장 존경받는 인물인 세종대왕에 대해 발표하겠습니다. 세종대왕은 조선 제4대 임금으로 본명은 이도입니다. 어렸을 때부터 독서와 공부를 매우 좋아했는데 책을 너무 많이 읽다 보니 평생 눈병과 과로로 고생했다고 합니다. 1418년 왕이 된 후에는 집현전을 설치하여 젊고 유능한 인재들이 마음껏 학문을 연구할 수 있도록 하였습니다. 또 당시 백성들이 읽고 쓸 수 있는 글자가 필요하다고 생각하여 오랜 연구 끝에 한글을 만들었는데, 한글 창제야말로 세종대왕의 가장 큰 업적이라고 할 수 있습니다. 세종 때는 천문, 농업, 의학 분야의 과학 기술도 큰 발전을 이루었습니다. 하늘을 관측할 수 있는 '혼천의', 강우량을 잴 수 있는 '측우기', 시간을 알 수 있는 '자격루' 등을 발명하여 백성들이 쉽고 편하게 농사를 지을 수 있게 하였습니다. 이처럼 백성을 사랑하는 마음이 컸던 세종대왕이야말로 한국 사람들이 가장 존경하는 왕이라고 할 수 있습니다.

2 세계 역사 속의 인물

1 위의 인물은 누구입니까? 그들이 남긴 명언의 의미는 무엇입니까?

2 여러분이 알고 있는 역사 인물의 명언에는 어떤 것이 있습니까?

1 다음 표현을 공부하고 그림에 맞게 써 봅시다.

위인	정치가	장군	교육자	철학가	종교인
	문학가	예술가	건축가	과학자	기업가

소크라테스

(   )

퀴리

(   )

톨스토이

(   )

고흐

(   )

테레사

(   )

몬테소리

(   )

가우디

(   )

나폴레옹

(   )

스티브 잡스

(   )

호치민

(   )

2 다음 표현을 공부하고 빈칸에 맞게 써 봅시다.

뛰어나다	지혜롭다	용감하다	끈기가 있다
소신을 지키다	책임감이 강하다	고난을 극복하다	도전 정신이 있다

1) 운동선수는 힘든 훈련도 견딜 수 있을 만큼 ＿＿＿＿＿＿＿＿＿＿ 한다.

2) 그는 어렸을 때부터 글재주가 ＿＿＿＿＿＿＿＿＿＿ 훌륭한 작가가 되었다.

3) ＿＿＿＿＿＿＿＿＿＿ 사람은 현재에 만족하지 않고 항상 새로운 일을 시도한다.

4) 그 장군은 죽음을 두려워하지 않고 나라를 위해 ＿＿＿＿＿＿＿＿＿＿ 싸웠다.

5) 자신이 옳다고 믿는 일이라도 주위의 반대가 심하면 ＿＿＿＿＿＿＿＿＿＿ 쉽지 않다.

1. (으)로 보아서는

예문
- 아침부터 날씨가 더운 것으로 보아서는 한낮에는 무더위가 더욱 심할 것 같다.
- 어려운 환경에서 자랐는데도 크게 성공한 것으로 봐서는 끈기가 대단한 사람인 것 같다.

1 '(으)로 보아서는'을 사용해서 대답해 봅시다.

1) 선생님, 제 건강이 많이 안 좋은가요? (검사 결과)

2) 주제 발표 대회에서 누가 일등을 할까요? (평소 실력)

3) 이번에 새로 개봉하는 영화가 어떨 것 같아요? (예고편)

4) 오늘 합격자 발표일이죠? 소명 씨는 합격했대요? (얼굴 표정)

2 '-(으)ㄴ/는 것으로 보아서는'을 사용해서 대화를 완성해 봅시다.

1) **가:** 우리 선생님 결혼했을까요? (반지를 끼었다)

   나: ______________________________ 결혼한 것 같아요.

2) **가:** 다니엘 씨는 성격이 어떤 것 같아요? (말수가 적다)

   나: ______________________________ 좀 내성적인 사람인 것 같아요.

3) **가:** 페이 씨가 첫 발표라서 많이 긴장한 것 같죠? (목소리가 떨리다)

   나: 네. ______________________________ 좀 긴장한 것 같아요.

3 '-(으)ㄴ/는 걸로 봐서는'을 사용해서 다른 나라 역사 인물이 존경받는다고 생각하는 이유에 대해 말해 봅시다.

화폐에 나왔다	기념관을 세웠다
동상이 있다	생가를 보존하다
이름으로 도시·공항·도로명을 지었다	

+ -(으)ㄴ/는 걸로 봐서는 + ________ 이/가 매우 존경받는 것 같아요.

2. 은/는커녕

예문
- 요즘 취업난이 심해서 대기업은커녕 중소기업에도 취업할 수 없을 것 같다.
- 한국에 처음 왔을 때 한국어 책을 읽기는커녕 인사조차 할 줄 몰랐다.

1 '은/는커녕'을 사용해서 문장을 완성해 봅시다.

> **보기** 목이 아파서 밥은커녕 물조차 마실 수 없다.

1) 목이 아프다 ●————————● 밥　　　　● ● 택시가 별로 없다

2) 일이 바쁘다 ●　　　● 찌개　　　● ● 물을 마실 수 없다

3) 시간이 늦다 ●　　　● 지하철　　● ● 국내 여행을 못 하다

4) 요리를 못하다 ●　　　● 해외여행　● ● 라면을 끓일 줄 모르다

2 '-기는커녕'을 사용해서 대답해 봅시다.

1) 새로 들어온 직원은 성실한가요? (성실하다/ 매일 지각하다)

2) 월급을 받으면 보통 예금해요? (예금하다/ 월세 내기도 부족하다)

3) 약 먹으니까 감기가 좀 나았어요? (감기가 낫다/ 더 심해진 것 같다)

4) 여행을 하는 동안 날씨가 좋았어요? (날씨가 좋다/ 계속 폭우가 내리다)

5) 이번 학기에 장학금을 받을 수 있어요? (장학금을 받다/ 진급도 못 하다)

3 '은/는커녕'을 사용해서 역사 인물들이 겪은 어려움에 대해 이야기해 봅시다.

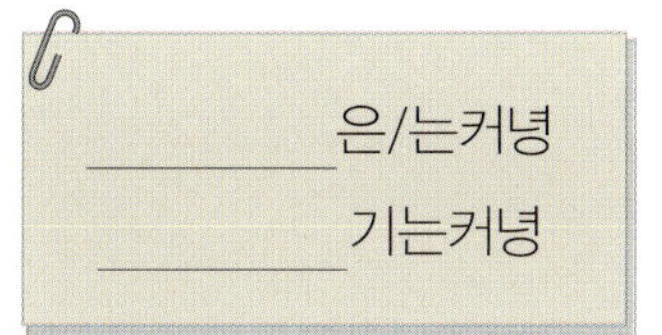

____________ 은/는커녕
____________ 기는커녕

\+

고생을 많이 했다　　　무시당하면서 살았다

평생 가난하게 살았다　　학교 교육을 전혀 못 받았다

다니엘 로안 씨가 가장 존경하는 역사 인물은 누구예요?

로 안 저는 어렸을 때부터 피아노를 배웠기 때문에 존경하는 인물이 대부분 음악가인데요. 그중에서도 가장 존경하는 사람은 베토벤이에요.

다니엘 아, 그렇군요. 베토벤은 정말 뛰어난 작곡가죠. 고난을 극복하고 성공한 인물로도 유명하고요.

로 안 네. 소리를 못 듣게 됐는데도 포기하지 않고 훌륭한 작품들을 남겼으니까요.

다니엘 그런 상황에서도 음악을 포기하지 않은 걸로 봐서는 끈기가 대단한 분이었던 것 같아요. 음악에 대한 열정도 남달랐을 것 같고요.

로 안 맞아요. 근데 다니엘 씨는 존경하는 사람이 누구예요?

다니엘 저는 테레사 수녀님을 존경해요. 평생 봉사하며 사셨잖아요. 병이 들었는데도 치료를 받기는커녕 자신의 몸은 돌보지 않고 환자들만 돌보셨대요.

로 안 그분에게 영향을 받아서 봉사 활동을 시작한 사람들이 많다고 들었는데 후세 사람들에게 좋은 본보기가 되신 분이에요.

1 **다음 질문에 대답해 봅시다.**

1) 로안 씨가 가장 존경하는 역사 속 인물은 누구입니까?

2) 다니엘 씨가 베토벤을 끈기 있는 인물이라고 생각하는 이유는 무엇입니까?

3) 다니엘 씨가 테레사 수녀님을 존경하는 이유는 무엇입니까?

4) 로안 씨는 테레사 수녀님이 후세에 어떤 영향을 주었다고 생각합니까?

2 다음 표현을 공부하고 빈칸에 맞게 써 봅시다.

작곡가	훌륭하다	작품을 남기다	열정	남다르다
평생	병이 들다	돌보다	후세	본보기가 되다

1) 자신의 일에 대해 ____________________ 가져야 즐겁게 일할 수 있다.

2) 그 디자이너는 ____________________ 패션으로 사람들의 눈길을 끌곤 한다.

3) 나는 작가가 되어 많은 사람들에게 감동을 주는 ____________________ 싶다.

4) 열심히 노력해서 성공한 사람은 다른 사람들에게 좋은 ____________________ .

3 다음 발음에 주의하여 문장을 읽어 봅시다.

- 소리를 **못 듣게 됐는데도** 포기하지 않고 **훌륭한 작품들을** 남겼으니까요.

- 음악을 포기하지 **않은 걸로 봐서는** 끈기가 대단한 **분이었던 것 같아요**.

- 치료를 **받기는커녕** 자신의 몸은 돌보지 **않고** 환자들만 **돌보셨대요**.

4 다음 상황에 맞게 대화 연습을 해 봅시다.

친구 1	친구 2
자신이 존경하는 역사 속 인물의 삶과 역사 인물의 특성에 대해 말한다.	

존경하는 인물과
존경하는 이유 1

↓

존경하는 인물의
삶과 인물 특성 1

↓

존경하는 인물과
존경하는 이유 2

↓

존경하는 인물의
삶과 인물 특성 2

(으)로 봐서는
은/는커녕

1 다음을 보고 질문에 대답해 봅시다.

1) 위 이야기는 조선 시대 서예가 한석봉의 일화입니다. 어떤 내용입니까?

2) 여러분 나라의 역사에서 자식 교육을 잘 시킨 어머니로는 누가 있습니까?

2 다음을 보고 질문에 대답해 봅시다.

| 선덕여왕 | 왕가리 마타이 | 코코 샤넬 | 헬렌 켈러 |

1) 위의 인물들은 누구입니까? 어떤 분야에서 업적을 남긴 인물들입니까?

2) 여러분 나라의 역사에서 훌륭한 여성 인물로는 누가 있습니까?

3 세계 역사 속 여성 인물의 일화를 조사해서 발표해 봅시다.

1) 다음과 같이 빈칸을 채워 봅시다.

	한국	
이름	신사임당(1504년~1551년)	
시대	조선 시대 중기	
신분	학자, 시인, 화가	
일화	그림과 관련된 이야기	

  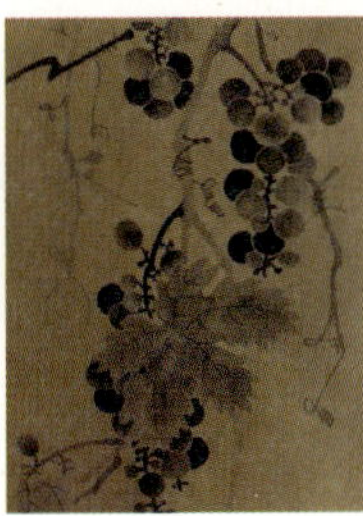 

2) 다음과 같이 역사 인물의 일화에 대해 발표해 봅시다.

제가 소개할 여성 인물은 조선 중기의 예술가 신사임당입니다. 조선 시대에 많은 여성들은 학교 교육을 받기는커녕 글조차 배울 수 없었지만 신사임당은 남자들과 똑같이 다양한 교육을 받으면서 자랐습니다. 그 덕분에 훌륭한 시와 그림 작품들을 남길 수 있었죠. 대표적인 작품 중 하나가 오만 원짜리 지폐에 들어 있는 '묵포도도'입니다. 이 그림과 관련해서는 유명한 일화가 전해지는데, 마을 잔치 중에 음식을 나르던 하녀가 어느 부인의 치마에 국을 쏟았다고 합니다. 당황해하는 하녀를 보고 신사임당이 그 치마에 포도송이를 그려 주었는데 그것이 '묵포도도'였다고 합니다. 하녀가 곤란해질 것을 생각해 그림을 그려 준 것으로 봐서 그녀가 얼마나 마음이 따뜻한 사람이었는지 알 수 있습니다. 또 풀과 벌레를 그린 '초충도'와 관련해서는 닭이 '초충도'를 보고 실제 벌레인 줄 알고 그림을 쪼아 먹으려고 했다는 일화가 전해지는데요, 일화의 내용으로 봐서 신사임당의 그림 실력이 얼마나 뛰어났는지 알 수 있습니다.

1 다음을 듣고 맞으면 O, 틀리면 X 하십시오.

1) '다산로'와 '다산콜센터'는 정약용의 호를 가지고 만든 것이다. ( )

2) 김유신은 신라가 삼국을 통일하는 데에 큰 공을 세운 장군이다. ( )

3) 가우디는 어렸을 때부터 실력이 뛰어나다는 평가를 받았다. ( )

4) 간디는 평생 인도의 독립을 위해 힘썼기 때문에 화폐에 그려졌다. ( )

2 다음을 듣고 질문에 답하십시오.

1 다음 중 들은 내용과 다른 것을 고르십시오.

① 장영실의 대표적인 발명품은 물시계이다.

② 장영실은 조선 시대 최고의 발명가로 손꼽힌다.

③ 장영실은 자신의 재능을 발휘해 높은 벼슬에 올랐다.

④ 장영실은 신분보다 능력을 중시하던 시대에 태어났다.

2 자격루는 당시 사람들에게 어떤 도움을 주었습니까?

____

3 다음을 듣고 질문에 답하십시오.

1 다음 중 들은 내용과 같은 것을 고르십시오.

① 우리나라는 노벨상 수상자가 여러 명 있다.

② 2000년에 김대중 대통령이 노벨상을 받았다.

③ 남자는 박수현 박사의 업적이 부족해서 아쉬워한다.

④ 남자는 올해 노벨상 수상이 어려울 거라고 생각한다.

2 노벨상에 대한 설명으로 맞지 않는 것을 고르십시오.

① 설립된 지 120년이 넘었다.

② 세계에서 가장 권위 있는 상이다.

③ 다이너마이트를 발명한 기념으로 만들었다.

④ 인류 복지나 학문 발전에 기여한 사람에게 수여된다.

4 다음을 듣고 질문에 답하십시오. 

 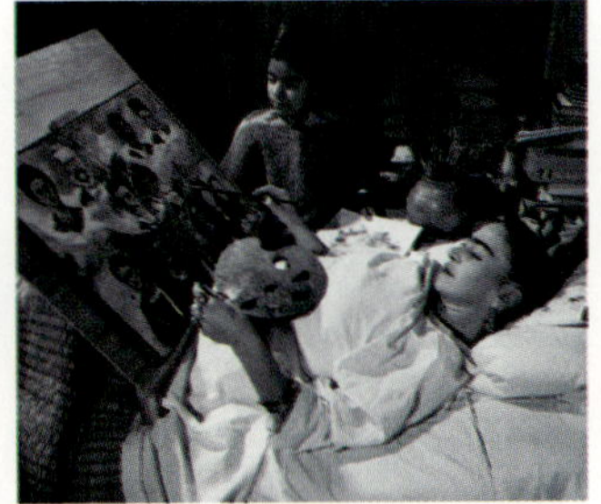 

1 다음 중 들은 내용과 다른 것을 고르십시오.

① 프리다 칼로가 남긴 작품은 150여 점이다.

② 프리다 칼로는 자화상을 많이 그린 화가이다.

③ 프리다 칼로가 마지막으로 그린 것은 과일 그림이다.

④ 프리다 칼로는 화가로 활동하던 중에 교통사고를 당했다.

2 해설자는 프리다 칼로를 어떤 인물이라고 생각합니까?

① 용감하다　　　　　　　　　② 지혜롭다

③ 의지가 강하다　　　　　　　④ 책임감이 강하다

3 가족들이 프리다 칼로에게 그림 도구를 선물한 이유는 무엇입니까?

___

4 들은 내용을 요약해서 말해 봅시다.

5 다음 질문에 대답해 봅시다.

  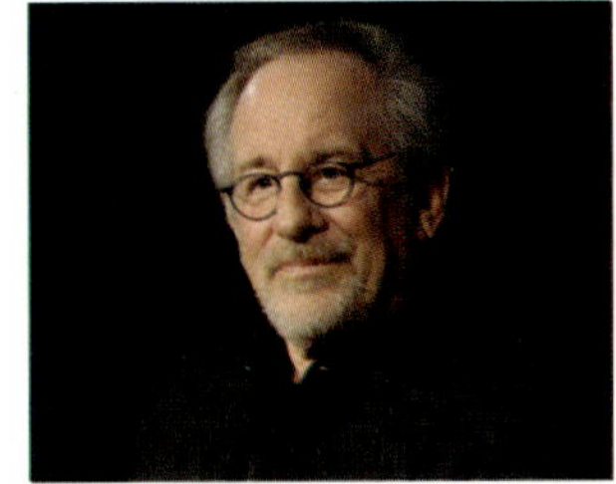

1) 여러분 나라의 예술·스포츠 분야에서 업적을 남긴 인물로는 누가 있습니까?

2) 여러분 나라에서 고난을 극복하고 성공한 인물로는 누가 있습니까?

1 다음 질문에 대답해 봅시다.

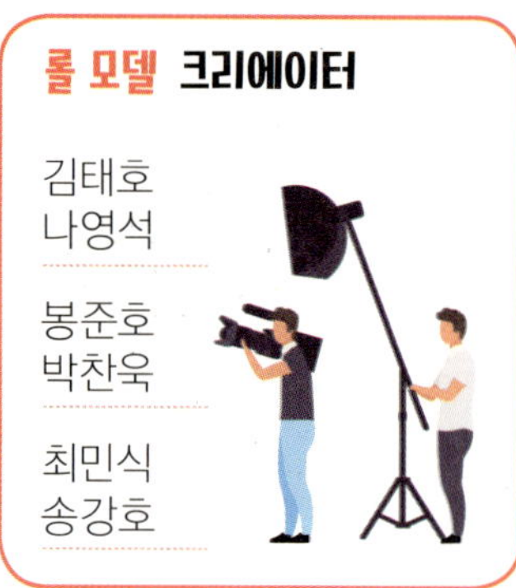

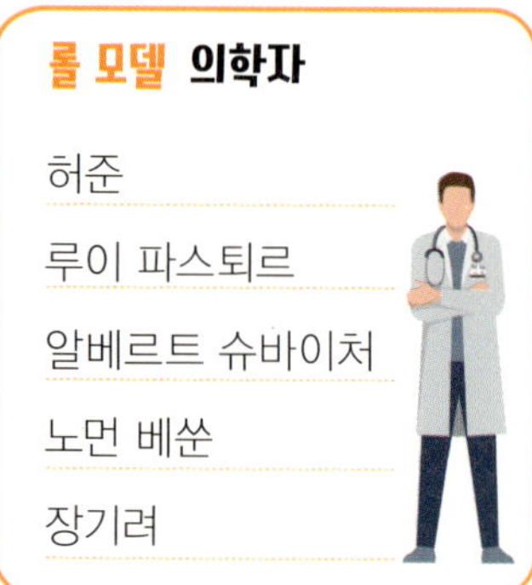

1) 앞으로 어떤 분야에서 일을 하고 싶나요?

2) 그 분야에서 롤 모델이라고 생각하는 사람은 누구인가요?

2 다음 글을 읽어 봅시다.

내 인생의 롤 모델

누구나 닮고 싶은 사람이 있다. 내가 닮고 싶은 사람은 신원석 PD이다. 나는 현재 대학에서 연극영화학을 전공하고 있는데 대학교를 졸업하면 방송국에 취직해서 연출가가 되는 것이 꿈이다. 고등학교 때 신원석 PD가 만든 작품들을 보면서 웃음과 감동을 주는 프로그램을 제작하고 싶다는 생각을 하게 되었고, 그때부터 신원석 PD는 내 인생의 롤 모델이 되었다.

신원석 PD는 2002년에 HBS에 입사한 후 2010년 여행을 소재로 한 예능 프로그램을 통해 주목을 받게 되었다. 이후 요리 예능, 음악 예능 등을 새롭게 선보이며 인기를 끌었고, 2017년에는 드라마 제작에 도전해 큰 성공을 거두었다. 처음에는 예능 프로그램 PD가 어떻게 드라마를 만들 수 있겠냐며 걱정하는 사람들이 많았지만 사람들의 걱정과 달리 그 드라마는 매회 높은 시청률을 보였고, 신원석 PD는 그 드라마로 감독상을 수상하기도 했다. 현재 신원석 PD가 만든 작품들은 세계 여러 나라에 수출되어 외국에서도 많은 인기를 얻고 있는데, 신원석 PD야말로 한국 최고의 방송 연출가라고 할 수 있다.

내가 신원석 PD를 롤 모델로 생각하는 이유는 세 가지이다. 첫째는 뛰어난 창의력이다. 신원석 PD가 연출한 프로그램은 항상 독창적인 소재나 캐릭터가 등장하고 뻔하지 않은 스토리가 전개된다. 이것은 남의 것을 따라 하지 않고 자신만의 아이디어로

프로그램을 기획하기 때문이다. 둘째는 끊임없는 도전 정신이다. 신원석 PD는 자신이 연출한 프로그램이 큰 성공을 거두어도 절대 안주하지 않는다. 안주하기는커녕 오히려 더 새로운 것을 만들기 위해 끊임없이 도전한다. 그래서 신원석 PD가 만든 작품은 같은 것이 하나도 없다. 셋째는 협업 능력이다. 방송 프로그램은 다른 사람과의 협업이 무엇보다 중요한데 신원석 PD는 HBS 신입 시절에 만났던 연출가, 작가들과 15년 넘게 호흡을 맞춰 오고 있다. 오랜 시간 팀을 유지해 온 것으로 봐서 신원석 PD가 협업을 얼마나 중시하는지 알 수 있다.

  신원석 PD는 한 인터뷰에서 "만약 PD를 꿈꾼다면 책을 많이 읽고 영화와 음악을 많이 접하세요. 그리고 많은 일에 도전해 보세요."라고 했다. 나는 요즘 그 말을 실천하기 위해 노력하고 있다. 그러다가 보니 내가 어떤 PD가 되고 싶은지 구체적인 목표도 가지게 되었다. 나는 앞으로 이 목표를 이루기 위해 최선을 다할 것이다.

3 **위의 글을 읽고 질문에 대답해 봅시다.**

1 다음 중 내용과 다른 것을 고르십시오.

① 신원석 PD는 드라마가 큰 성공을 거두어 감독상을 받았다.

② 신원석 PD는 자신이 만든 프로그램을 해외로 수출할 계획이다.

③ 신원석 PD는 15년 넘게 같은 사람들과 팀을 이루어 작업을 했다.

④ 신원석 PD는 여행을 소재로 한 프로그램을 통해 관심을 받게 되었다.

2 글쓴이가 신원석 PD를 롤 모델로 생각하는 이유는 무엇입니까?

㉠ _________________ ㉡ _________________ ㉢ _________________

4 **다음 주제로 작문을 하십시오.**

주제: 내 인생의 롤 모델

1 자신이 생각하는 인생의 롤 모델은 누구입니까?

2 그 사람을 롤 모델로 생각하는 이유는 무엇입니까?

3 그 사람처럼 되기 위해서 어떤 노력을 하고 있습니까?

10 소비와 절약

학습 목표

1 소비 생활

어휘 | 생활비, 소비 습관
문법 | -곤 하다, -(으)면서도
대화 | 올바른 소비에 대해 조언하기
말하기 | 한 달 지출 계획 발표하기

2 절약 생활

어휘 | 절약, 소비 성향
문법 | -(으)려던 참이다, -기만 하면
대화 | 돈을 모으는 방법 상담하기
말하기 | 돈을 절약하는 방법에 대해 말하기

3 소비와 절약 – 활동

듣고 말하기 | 충동구매에 대해 듣고 말하기
읽고 쓰기 | 지혜롭게 부자가 된 인물에 대한 글 읽고 쓰기

30% OFF
COUPON
COUPON
할인 쿠폰
2,000원
1+1
1개 구매시 하나 더!

1 소비 생활

1 위의 사람들은 어떤 소비를 하고 있습니까?

2 여러분은 이런 소비를 한 적이 있습니까? 그 이유는 무엇입니까?

1 다음 표현을 공부하고 서로 관계있는 것을 연결해 봅시다.

식비	주거비	통신비	교통비
공과금	문화생활비	의류 구입비	자기 계발비

소비하다	지출하다	돈이 들다	돈이 나가다

1) 식비 •   • 영화·콘서트 티켓값

2) 주거비 •   • 식료비, 외식비

3) 통신비 •   • 가스·수도·전기 요금

4) 교통비 •   • 학원비, 도서 구입비

5) 공과금 •   • 옷·신발·가방 구매비

6) 문화생활비 •   • 월세, 하숙비

7) 의류 구입비 •   • 버스·지하철·택시 요금

8) 자기 계발비 •   • 휴대폰·인터넷 요금

2 다음 표현을 공부하고 빈칸에 맞게 써 봅시다.

과소비	충동구매를 하다	카드로 결제하다
알뜰 구매	계획적으로 소비하다	현금으로 지불하다

1) _______________________ 쇼핑하러 가기 전에 구매할 물건들을 적어 놓아야 한다.

2) 홈쇼핑을 보다가 생각 없이 _______________________ 물건들을 볼 때마다 후회가 된다.

3) 카드 대신에 _______________________ 할인을 해 주는 가게들이 많다.

4) 백화점은 세일 기간에 _______________________ 하려는 사람들로 붐빈다.

1. –곤 하다

예문
- 나는 주말에는 가족과 외식을 하거나 친구를 만나곤 한다.
- 어렸을 때는 만화책을 자주 읽곤 했지만 요새는 잘 안 읽는다.

1 '–곤 하다'를 사용해서 문장을 완성해 봅시다.

1) 저는 날씨가 좋으면 공원에 가서 (산책하다)____________________________.

2) 우리 아버지는 월급날마다 퇴근길에 치킨을 (사 오다)____________________________.

3) 언니는 시간이 있을 때는 (음악을 듣다)____________________________.

4) 저는 기분 나쁜 일이 있을 때 (매운 음식을 먹다)____________________________.

2 '–곤 하다'를 사용해서 대답해 봅시다.

1) 가족이 그리울 때는 어떻게 해요?

2) 공부하다가 졸릴 때는 어떻게 해요?

3) 고향에서 명절 때는 보통 무엇을 했어요?

4) 고등학교 때 친구들을 만나면 뭘 했어요?

3 '–곤 하다'를 사용해서 다음과 같은 경우에 어떻게 하는지 말해 봅시다.

갖고 싶은 물건이 있는데 돈은 없으면 어떻게 해요?

어렸을 때 용돈을 받으면 주로 어디에 썼어요?

2. –(으)면서도

예문	•그는 사실을 알면서도 모른 척한다. •그 사람은 부자면서도 검소한 생활을 한다.

1 '–(으)면서도'를 사용해서 문장을 완성해 봅시다.

보기	내 친구는 그 사람을 좋아하면서도 표현을 하지 못한다.

1) 내 친구는 그 사람을 좋아하다   •   • 한국 문화를 잘 알다

2) 그는 생활이 어렵다   •   • 표현을 하지 못하다

3) 친구는 시험을 잘 봤다   •   • 미소를 잃지 않고 살다

4) 그 사람은 외국인이다   •   • 못 봤다고 말하다

2 '–(으)면서도'를 사용해서 대답해 봅시다.

1) 이 집을 선택한 이유가 뭐예요? (시설이 좋다/ 월세가 싸다)

2) 어제 본 영화는 어땠어요? (슬프다/ 웃기다)

3) 한솔 씨는 미국에서 왔는데 한국어를 잘하네요. (미국에서 자랐다/ 한국어를 잘하다)

4) 소명 씨는 놀기만 하는 것 같은데 항상 1등이네요. (매일 놀다/ 시험을 잘 보다)

3 '–(으)면서도'를 사용해서 자신이 구매한 물건들이 어떤지 설명해 봅시다.

노트북	가격은 저렴하면서도 성능이 좋아서 마음에 들어요.

휴대폰	가격은 비싸면서도 성능은 별로여서 후회해요.

소명 가을 정장이 필요한데 어디에서 사는 게 좋아요?

지우 온라인 쇼핑몰에서 한번 찾아보세요. 제가 괜찮은 사이트를 알려 줄게요.

소명 지우 씨는 온라인 쇼핑몰을 자주 이용하나 보네요.

지우 네. 시중보다 가격은 저렴하면서도 품질이 좋거든요. 똑같은 물건이라도 온라인에서 더 싸게 파는 경우가 많아서 저는 주로 온라인 쇼핑을 해요. 그런데 사이트마다 가격이 조금씩 달라서 가격을 비교해 보고 사곤 해요.

소명 그렇게 하면 알뜰 구매를 할 수 있겠네요. 저는 물건을 충동적으로 구매하는 편이어서 나중에 후회할 때가 많아요. 어제도 마트에 갔다가 할인 행사를 한다는 말에 필요하지도 않은 물건을 잔뜩 사 왔어요.

지우 싸게 샀다고 해도 쓸모없는 물건이라면 사실 낭비지요.

소명 맞아요. 더구나 저는 귀가 얇아서 점원의 말만 듣고 살 때가 많아요.

지우 그래서 물건을 구매할 때는 미리 품목을 정해 놓고 사러 가는 게 좋아요.

1 **다음 질문에 대답해 봅시다.**

1) 소명 씨는 지금 무엇을 구매할 계획을 갖고 있습니까?

2) 지우 씨는 주로 어디에서 쇼핑을 합니까? 왜 그렇습니까?

3) 소명 씨는 물건을 구매한 후 왜 후회하곤 합니까?

4) 지우 씨는 소명 씨에게 어떤 조언을 해 주었습니까?

2 다음 표현을 공부하고 빈칸에 맞게 써 봅시다.

| 시중 | 쇼핑몰 | 쓸모없다 | 잔뜩 | 더구나 | 귀가 얇다 | 품목 |

1) 이 약은 _______________________ 약국 어디에서나 구할 수 있다.

2) 처리해야 할 서류가 _______________________ 쌓여 있는데 다 끝낼 수 있을지 모르겠다.

3) 내 동생은 _______________________ 남의 말을 쉽게 믿는다.

4) 방에 있던 _______________________ 물건을 정리하고 나니까 방이 넓어졌다.

3 다음 발음에 주의하여 문장을 읽어 봅시다.

- **온라인 쇼핑몰**에서 한번 찾아보세요.
- **싸게 샀다고** 해도 쓸모없는 물건이라면 사실 낭비지요.
- 저는 귀가 얇아서 **점원의 말만 듣고** 살 때가 많아요.

4 다음 상황에 맞게 대화 연습을 해 봅시다.

친구 1	친구 2
알뜰하게 쇼핑하는 방법과 올바른 소비 습관에 대해 조언한다.	잘못된 구매 습관과 그 이유에 대해 말한다.

1 다음 과소비 지수를 보고 이야기해 봅시다.

1) 과소비 지수란 무엇을 말합니까?

2) 여러분은 현재 적정 소비를 하고 있습니까?

2 매달 생활비를 어떻게 지출하고 있는지 친구에게 질문해 봅시다.

식비	주거비	공과금	교통비
문화생활비	의류 구입비	통신비	자기 계발비

1	소비를 계획적으로 하는 편입니까?
2	돈이 가장 많이 드는 데는 어디입니까?
3	돈이 가장 적게 나가는 데는 어디입니까?
4	만약 지출을 줄인다면 어디를 줄이겠습니까?
5	돈을 써도 아깝지 않은 생활비는 무엇입니까?

3 **다음 질문에 대답해 봅시다.**

1) 일정 금액의 돈으로 어떻게 하면 올바른 소비를 할 수 있을지 계획을 세워 봅시다.
   (조건: 한 달 수입은 200만 원입니다. 그리고 친구 생일이 한 번 있습니다.)

항목	지출	항목	지출
식비	원	의류 구입비	원
주거비	원	통신비	원
공과금	원	자기 계발비	원
교통비	원	사교비(생일 선물)	원
문화생활비	원	저축	원
총 비용:			원

2) 한 달 소비 계획을 발표해 봅시다.

제가 한 달 생활비로 지출하는 돈은 총 ___________ 원입니다.

그중 가장 많이 나가는 지출 항목은 ___________(으)로 총 ___________ 원입니다.

돈이 가장 적게 나가는 지출 항목은 ___________(으)로 총 ___________ 원입니다.

한 달 동안 생활하기에 200만 원은 (충분한, 부족한) 돈입니다.

3) 친구의 소비 계획을 듣고 칭찬과 조언을 해 봅시다.

알뜰 소비를 하는 사람	
적정 소비를 하는 사람	
과소비를 하는 사람	

2 절약 생활

1 이것은 무엇을 기록해 놓은 것입니까?

2 여러분은 요즘 가계부를 쓰고 있습니까?

1 다음 표현을 공부하고 질문에 대답해 봅시다.

가계부를 쓰다	저축하다/ 적금을 들다/ 적금을 타다	공동 구매를 하다
대여하다	중고품을 사고팔다	물물 교환을 하다	지역 사이트를 이용하다

1) 가계부를 쓰면 어떤 장점이 있습니까?

2) 현재 적금을 들고 있습니까? 적금을 타서 무엇을 하고 싶습니까?

3) 중고품을 사고팔아 본 적이 있습니까?

4) 공동 구매를 해 본 적이 있습니까? 공동 구매를 하면 어떤 점이 좋습니까?

5) 구매하지 않고 대여해서 사용하고 싶은 물건이 있습니까?

2 다음 표현을 공부하고 빈칸에 맞게 써 봅시다.

손이/씀씀이가 작다	절약하다	검소하다
손이/씀씀이가 크다	낭비하다	사치스럽다

1) 쓸데없는 일에 돈과 시간을 _________________ 말아야 한다.

2) 이 목걸이는 학생이 하기에는 너무 화려하고 _________________ 것 같다.

3) 그는 수십억대의 재산을 가진 부자지만 평소 옷차림이 _________________.

4) 형은 어렸을 때부터 _________________ 습관이 있어서 뭐든지 아껴 쓴다.

5) 나는 버는 돈에 비해서 _________________ 항상 생활비가 부족하다.

1. –(으)려던 참이다

예문
가: 지금 음료수를 사러 편의점에 가려고 하는데 같이 안 갈래요?

나: 좋아요. 그렇지 않아도 점심을 사러 편의점에 가려던 참이었어요.

1 '–(으)려던 참이다'를 사용해서 문장을 완성해 봅시다.

보기 버스가 안 와서 택시를 타려던 참이었는데 버스가 왔다.

1) 버스가 안 와서 택시를 타다 •   • 친구가 우리집에 왔다

2) 막 잠이 들다 •   • 버스가 왔다

3) 외출하다 •   • 친구가 사 가지고 왔다

4) 커피를 사러 가다 •   • 초인종 소리에 깼다

2 '–(으)려던 참이다'를 사용해서 대화를 완성해 봅시다.

1) **가:** 벌써 7시인데 퇴근 안 하세요? (집에 가다)

   나: 그렇지 않아도 _______________________________________ .

2) **가:** 게임 그만하고 어서 자. (지금 막 자다)

   나: 안 그래도 _______________________________________ .

3) **가:** 도서관에 가려고 하는데 같이 안 갈래? (책을 빌리다)

   나: 잘됐다. 나도 마침 _______________________________________ .

3 '–(으)려던 참이다'를 사용해서 물건이 필요했는데 사지 않아도 되었던 경험을 말해 봅시다.

2. –기만 하면

예문
- 언니는 동전이 생기기만 하면 바로 돼지 저금통에 넣는다.
- 우리 어머니는 손이 커서 음식을 만들기만 하면 많이 만드신다.

1 '–기만 하면'을 사용해서 문장을 바꿔 봅시다.

> **보기** 그들은 만나면 항상 싸운다. ➔ 그들은 만나기만 하면 싸운다.

1) 그들은 모이면 꼭 드라마 얘기를 한다.　　　➔ ____________________________.

2) 그는 책을 보면 언제나 5분도 안 돼서 잔다.　➔ ____________________________.

3) 우리 아이는 신나는 음악이 나오면 항상 춤을 춘다. ➔ ____________________.

4) 내 동생은 어머니가 외출을 하면 늘 게임을 한다. ➔ ____________________.

2 '–기만 하면'을 사용해서 대답해 봅시다.

1) 너 왜 이 옷을 사 놓고 안 입니? (이 옷을 입다/ 안 좋은 일이 생기다)

2) 사귀던 사람하고 왜 헤어진 거예요? (그 친구가 입을 열다/ 거짓말을 하다)

3) 우유는 왜 안 마셔요? (우유를 마시다/ 설사를 하다)

4) 페이 씨는 토론할 때는 다른 사람 같지 않아요? (토론을 하다/ 흥분을 하다)

3 '–기만 하면'을 사용해서 습관적으로 하는 행동에 대해 말해 봅시다.

새로운 모델이 나오다

백화점에서 세일을 하다

저는 새로운 모델이 나오기만 하면 집에 있는 물건도 또 사게 돼요.

서준 선배, 이번에 집을 샀다면서요? 언제 그렇게 돈을 모았어요?

선배 티끌 모아 태산이라는 말이 있잖아. 적은 돈이라도 저축을 하고 근검절약하는 거지. 너도 저축은 하고 있지?

서준 저축하기는커녕 생활비도 빠듯한걸요. 저는 매달 카드값 갚느라고 힘들어요.

선배 너 요즘도 신상품이 나오기만 하면 무조건 사는 거 아니야? 예전에 마음에 들면 가격도 안 보고 바로 사곤 했잖아. 이제 돈을 모으려면 절제할 줄도 알아야지.

서준 안 그래도 선배한테 어떻게 하면 돈을 모을 수 있을지 상담을 받으려던 참이었는데 잘됐네요. 저는 수입에 비해서 지출이 많은 게 문제인데 어떻게 하는 게 좋을까요?

선배 먼저 계획적인 소비를 할 수 있도록 가계부를 써 봐. 돈이 나가고 들어오는 것을 알 수 있으니까 도움이 될 거야.

서준 한 달 동안 쓸 돈을 미리 계획하고 지출을 하라는 거지요?

선배 그렇지. 그리고 적은 돈이라도 적금을 들도록 해 봐.

1 다음 질문에 대답해 봅시다.

1) 선배는 어떻게 돈을 모을 수 있었습니까?

2) 서준 씨는 요즘 무엇 때문에 힘들어합니까?

3) 서준 씨는 예전에 돈을 어떻게 쓰곤 했습니까?

4) 선배는 서준 씨에게 어떤 조언을 해 주었습니까?

2 다음 표현을 공부하고 빈칸에 맞게 말을 써 봅시다.

티끌 모아 태산	근검절약하다	빠듯하다
갚다	절제하다	무조건

1) 빌린 돈을 제 날짜에 _________________ 않으면 신뢰를 잃게 된다.

2) 옛날에는 부모님이 하시는 말씀은 _________________ 따라야 했다.

3) 장사가 잘 안돼서 한 달 월세를 내고 나니 생활비가 _________________.

4) 그는 종종 자기의 감정을 _________________ 못하고 화를 내곤 한다.

3 다음 발음에 주의하여 문장을 읽어 봅시다.

- **티끌 모아 태산이라는** 말이 있잖아.

- **저축하기는커녕** 생활비도 **빠듯한걸요**.

- 저는 매달 **카드값 갚느라고** 힘들어요.

4 다음 상황에 맞게 대화 연습을 해 봅시다.

후배	선배
현재의 어려운 경제 상황을 말하고 조언을 구한다.	돈을 모으는 방법에 대해 조언을 해 준다.

1 다음 사진을 보고 질문에 대답해 봅시다.

비대면 중고 거래

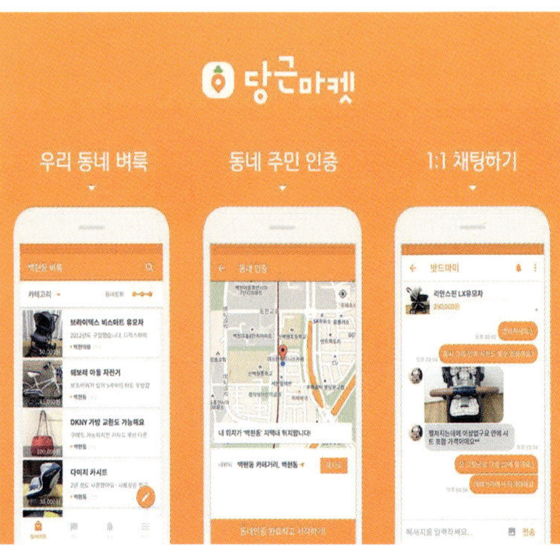

우리 동네 벼룩시장

1) 중고품을 거래하는 사이트를 이용해 본 적이 있습니까?

2) 무엇을 구매해 봤습니까? 무엇을 팔아 봤습니까?

3) 어떤 점이 좋았습니까?

2 생활 속에서 돈을 절약하는 방법에 대해 이야기해 봅시다.

식비를 절약하는 방법	교통비를 아끼는 방법	공과금을 줄이는 방법
여행비를 아끼는 방법	물건을 싸게 사는 방법	기타

1	저는 식비를 절약하기 위해 외식을 줄이고 음식도 많이 만들지 않습니다.
2	
3	
4	

3 **다음 질문에 대답해 봅시다.**

1) 우리 동네 중고 사이트에 내가 팔고 싶은 물건이나 교환하고 싶은 물건이 무엇인지 설명해 봅시다.

1	요즘 잘 사용하지는 않지만 버리기에는 아까운 물건이 있습니까? 무엇입니까?
2	만약 그 물건을 판다면 얼마에 팔고 싶습니까?
3	그 물건을 다른 물건과 교환한다면 무엇과 바꾸고 싶습니까? 그 이유는 무엇입니까?

- 물건의 종류:

- 사용 기간:

- 물건의 상태:

- 희망 판매 가격:

- 교환하고 싶은 물건:

예 제가 팔고 싶은 물건은 _________________________ 입니다.

이것은 구입한/사용한 지 _____________ 되었지만

_________________________ .

저는 이 물건을 _____________ 원에 팔고 싶습니다.

교환을 한다면 _____________ 와/과 바꾸고 싶습니다.

2) 친구들의 발표를 듣고 구매나 교환을 하고 싶은 것은 무엇인지 말해 봅시다.

1 다음을 듣고 맞으면 O, 틀리면 X 하십시오. 

1) 남자는 노트북이 필요해서 사러 가려던 참이다.　　　　　　　（　　）

2) 남자는 자신이 돈을 어디에 썼는지 알기 위해서 가계부를 써 왔다.　（　　）

3) 여자는 신제품이 나오기만 하면 바로 물건을 산다.　　　　　　（　　）

4) 여자는 필요한 물건이 있으면 일정 기간 빌려서 사용하곤 한다.　（　　）

2 다음을 듣고 질문에 답하십시오. 

1 남자는 왜 신용 카드를 만들었습니까?

____

2 다음 중 들은 내용과 다른 것을 고르십시오.

① 남자는 신용 카드의 할부 혜택을 마음에 들어한다.

② 여자는 현금보다는 신용 카드로 결제할 때가 많다.

③ 여자는 신용 카드를 쓰면 과소비를 하게 된다고 생각한다.

④ 남자는 신용 카드를 사용하면서 계획에 없는 소비를 한 적이 있다.

3 다음을 듣고 질문에 답하십시오.

1 최근에 어떤 소비자들이 늘고 있습니까?

____

2 다음 중 들은 내용과 같은 것을 고르십시오.

① 남자는 소비를 할 때 심리적인 만족감을 중요시한다.

② 여자는 실생활에 필요한 소비만 해야 한다고 생각한다.

③ 여자는 현재를 즐기기 위한 소비도 투자라고 생각한다.

④ 남자는 자신을 위한 소비에 대해 긍정적으로 생각한다.

4 다음을 듣고 질문에 답하십시오. 

1 온라인에서 충동구매가 더 많은 이유는 무엇입니까?

____

2 다음 중 들은 내용과 다른 것을 고르십시오.

① 충동구매의 경험은 나이가 어릴수록 많다.

② 충동구매를 제일 많이 하는 제품은 의류이다.

③ 충동구매 시 부담 없는 금액은 만 원 정도이다.

④ 40대가 가격 할인 혜택에 가장 영향을 많이 받는다.

3 사람들이 신중하게 생각한 후 구매하는 상품은 무엇입니까?

____

4 들은 내용을 요약해서 말해 봅시다.

5 **최근 구매한 목록 중 충동구매는 없었는지 이야기해 봅시다.**

1) 최근 열흘간 구매한 물건을 적어 봅시다.

알뜰 구매 한 물건	충동구매 한 물건

2) 위의 결과를 가지고 앞으로의 소비 계획을 이야기해 봅시다.

1 다음 질문에 대답해 봅시다.

구두쇠와 머슴

농사를 짓다

콩으로 새경을 받다

1) 구두쇠란 어떤 사람을 말하나요?

2) 여러분 나라에도 유명한 구두쇠의 이야기가 있나요?

2 다음 글을 읽어 봅시다.

구두쇠 영감과 지혜로운 머슴

옛날 어느 마을에 욕심 많은 구두쇠 영감이 살고 있었습니다. 그는 농사일을 해 준 머슴들이 새경을 달라고 말하기만 하면 여러 핑계를 대며 주지 않곤 했습니다. 그래서 구두쇠 영감 집에 가서 일을 하겠다는 사람이 없었습니다. 그 때문에 구두쇠 영감은 '어떡하지? 저 많은 논에 누가 벼를 심지? 저 밭에 있는 풀은 누가 뽑지?' 하며 걱정을 하고 있었습니다. 이때 건장한 청년이 찾아왔습니다.

"머슴을 구하신다고 들었습니다."

안 그래도 일할 사람을 구하려던 참에 청년이 제 발로 찾아와서 구두쇠 영감은 속으로는 아주 기뻤지만 새경을 적게 주고 싶어서 말했습니다.

"나는 돈을 많이 못 주네. 그래도 좋다면 일을 하게."

"네. 저는 많은 돈을 바라지 않습니다. 하지만 열심히 일한 대가로 곡식을 조금 주시면 어떨까요? 첫째 날에는 콩 한 알, 둘째 날에는 콩 두 알, 셋째 날에는 콩 네 알, 넷째 날에는 콩 여덟 알, 다섯째 날에는 콩 열여섯 알 ……. 이렇게 매일 그 전날의 배로 주시면 됩니다."

콩 몇 알씩만 달라는 말에 구두쇠 영감은 흔쾌히 승낙했습니다.

다음 날부터 청년은 열심히 일했습니다. 구두쇠 영감은 부지런한 청년을 보며 '콩 몇 알에 저렇게 열심히 일하는 바보가 있네! 복덩이가 들어왔군.' 하며 좋아했습니다. 일 년이 지나고 이 년이 지나고 삼 년이 지나도 청년은 열심히 일을 하면서도 새경을 달라는 말은 하지 않았습니다. 물론 구두쇠 영감도 새경을 주지 않고 지나갔습니다.

청년이 온 지 꼭 삼 년이 되던 날 청년은 구두쇠 영감에게 그동안 밀린 새경을 계산해 달라고 했습니다.

"그럼 콩을 얼마만큼 주면 되지?"

"첫째 날은 콩 한 알, 둘째 날은 콩 두 알 ……. 열 번째 날에는 콩 오백열두 알 ……." 밤새도록 계산을 하고 보니 3년 동안 밀린 새경은 창고에 쌓여 있던 곡식을 다 주어도 모자랄 양이었습니다.

구두쇠 영감은 너무 놀라 아무 말도 할 수 없었습니다. 콩 한 알이 이렇게 엄청난 숫자가 될지 생각조차 하지 못했기 때문입니다. 결국 청년은 창고에 쌓여 있던 많은 곡식을 몽땅 가지고 가 버렸습니다.

3 위의 글을 읽고 질문에 대답해 봅시다.

1 윗글의 내용과 맞으면 O, 틀리면 X 하십시오.

① 구두쇠 영감은 머슴에게 주는 새경이 아까워서 직접 일했다. ( )

② 구두쇠 영감은 일을 하겠다고 찾아온 청년이 마음에 안 들었다. ( )

③ 머슴은 3년 동안 구두쇠 영감에게 새경을 달라는 말을 하지 않았다. ( )

④ 구두쇠 영감은 3년 동안의 새경이 이렇게 많아질 거라고 예상하지 못했다. ( )

2 머슴은 구두쇠 영감에게 일한 대가로 곡식을 어떻게 달라고 했습니까?

____

4 다음 주제로 작문을 하십시오.

주제: 지혜롭게 부자가 된 인물

1 그 사람은 누구입니까?

2 그 사람은 어떻게 부자가 되었습니까?

3 여러분은 그 사람을 어떻게 생각합니까?

11 사건과 사고

MP3 Streaming

학습 목표

1 범죄 사건과 대책

어휘 | 사건 원인 및 유형, 사건 발생 및 처리
문법 | 에 따르면, –(으)ㄴ/는 만큼
대화 | 범죄 피해 경험담 말하기
말하기 | 사건 목격자 인터뷰하기

2 사고와 예방

어휘 | 재난·재해 원인 및 유형, 사고 발생 및 처리
문법 | (으)로 인해, –(으)ㄹ 뻔하다
대화 | 폭설 피해와 대책 말하기
말하기 | 119 신고 전화하기

3 사건과 사고 – 활동

듣고 말하기 | 청소년 범죄에 대해 듣고 말하기
읽고 쓰기 | 사건·사고에 대한 글 읽고 쓰기

왕십리역 인근 교통사고, 1명 부상
보이스 피싱 사기범 … 검거

1 범죄 사건과 대책

1 세계에서 가장 안전한 도시는 어디입니까?

2 여러분은 세계에서 가장 안전한 도시가 어디라고 생각합니까?

1 다음 표현을 공부하고 빈칸에 맞게 써 봅시다.

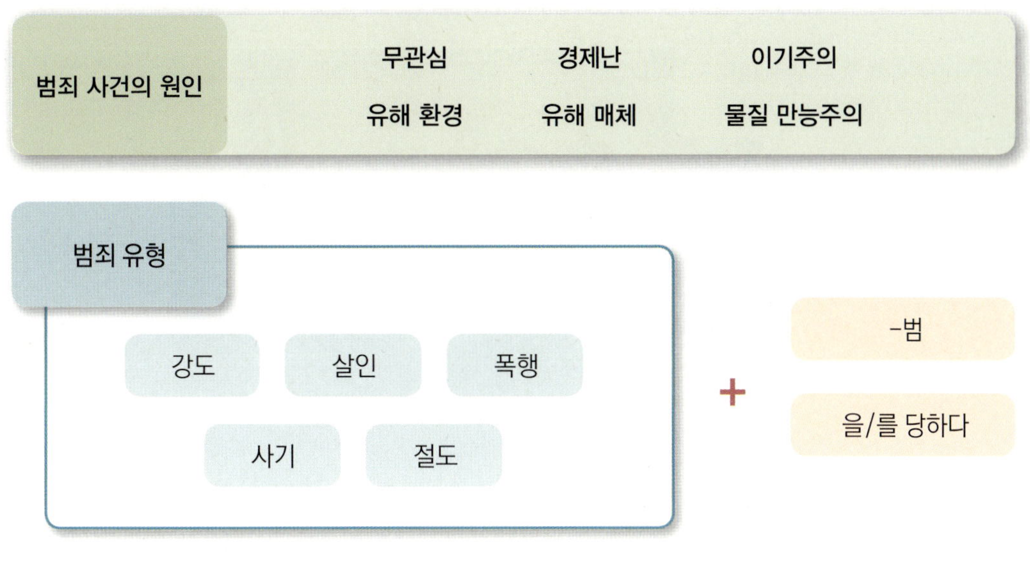

1) 그가 사람을 죽인 _______________________ 것을 믿을 수 없다.

2) 밤늦게 집에 가다가 _____________________ 가진 돈을 모두 빼앗겼다.

3) 돈이 최고라는 ___________________ 우리 사회에 악영향을 끼치고 있다.

4) 그 사람은 ___________________ 때문에 생활이 어려워져서 금품을 훔쳤다.

5) 가벼운 말다툼이 _______________ 사건으로 이어져 한 사람은 병원에 입원까지 하게 되었다.

2 다음 표현을 공부하고 사건 처리 과정을 순서에 맞게 써 봅시다.

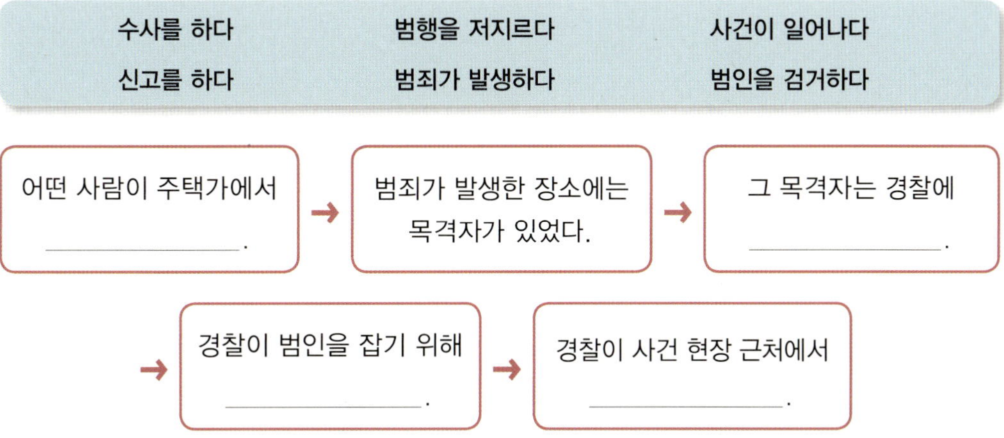

1. 에 따르면

예문
- 외신 보도에 따르면 한국이 세계에서 안전한 나라로 손꼽힌다고 한다.
- 선생님 말씀에 따르면 다음 주에 이야기 발표가 있다고 한다.

1 '에 따르면'을 사용해서 문장을 완성해 봅시다.

> **보기** 경제 전문가 의견/ 내년에는 한국 경제가 좋아지다
>
> → 경제 전문가 의견에 따르면 내년에는 한국 경제가 좋아질 거래요.

1) 뉴스 보도/ 범죄율이 낮아지고 있다 → ___________________________.

2) 안내 방송/ 다음 역에는 정차하지 않다 → ___________________________.

3) 부모님 말씀/ 나는 어렸을 때 장난꾸러기였다 → ___________________________.

2 '에 따르면'을 사용해서 대답해 봅시다.

1) 이번 주말은 날씨가 어떻대요? (일기 예보/ 비가 오다)

2) 작년에 가장 많이 일어난 범죄가 뭔지 알아요? (뉴스/ 폭력 범죄이다)

3) 한국에서도 총기 사건이 일어나나요? (한국 친구 말/ 거의 일어나지 않다)

4) 올해 외국인 관광객이 많이 늘었다면서요? (신문/ 작년보다 30% 증가하다)

3 '에 따르면'을 사용해서 범죄 관련 기사에 대해서 말해 봅시다.

> 신문 보도에 따르면 십 년 동안 수사 중이던 강도 사건의 범인을 검거했대요.

> 뉴스에 따르면 이웃의 무관심으로 범죄 사건 신고율이 낮아졌다고 해요.

2. –(으)ㄴ/는 만큼

예문
- 이 제품은 품질이 좋은 만큼 오래 사용할 수 있다.
- 요즘 케이 팝이 유행인 만큼 한국 가수의 세계 진출이 활발하다.

1 '–(으)ㄴ/는 만큼'을 사용해서 문장을 완성해 봅시다.

> **보기** 열심히 공부하는 만큼 이번 시험에 합격할 거예요.

1) 열심히 공부하다   •   • 옷을 따뜻하게 입다

2) 일찍 출발했다   •   • 이번 시험에 합격하다

3) 날씨가 춥다   •   • 제시간에 도착할 거다

4) 주말이다   •   • 미리 영화표를 예매하다

2 '–(으)ㄴ/는 만큼'을 사용해서 대답해 봅시다.

1) 채소를 꼭 먹어야 해요? (채소가 건강에 좋다/ 매일 먹다)

2) 우유를 냉장고에 넣을까요? (여름이다/ 냉장고에 보관하다)

3) 감기가 점점 심해지는 것 같아요. (매일 약을 먹다/ 좋아지다)

4) 그 사건의 범인이 언제 잡힐까요? (과학 수사를 하다/ 빨리 잡히다)

3 '–(으)ㄴ/는 만큼'을 사용해서 최근 어떤 범죄 사건이 많이 일어나는지 말해 봅시다.

이기주의가 심하다   경제난이 심각하다

유해 매체가 많다   주변에 무관심하다

요즘 경제난이 심각한 만큼 절도 사건이 늘고 있어요.

37

로안 요즘 전화 사기 범죄가 정말 심각한가 봐요. 뉴스에 따르면 최근 3년간 전화 사기 범죄가 2배 이상 증가했다고 하네요.

사토 전화 사기 범죄요? 그거 보이스 피싱 말하는 거죠?

로안 네. 경제가 어려우니까 이런 범죄가 더 많아지는 것 같아요. 그래서 저는 모르는 번호로 걸려 온 전화는 절대로 안 받아요.

사토 사실 저도 얼마 전에 보이스 피싱 전화를 받았어요.

로안 정말요? 설마 사기범한테 돈을 보낸 건 아니죠?

사토 네. 처음에는 그 사기범이 자기가 경찰이라고 하면서 빨리 돈을 보내라고 해서 얼마나 당황했는지 몰라요. 근데 이야기를 듣다가 보니까 좀 이상한 것 같아서 전화를 끊어 버렸어요.

로안 경찰이라고 사칭하는 전화를 받으면 속을 수도 있는데 큰일이 생기지 않아서 다행이네요.

사토 맞아요. 이런 범죄가 늘고 있는 만큼 사기라고 의심될 때에는 꼭 다시 확인하는 게 좋을 것 같아요.

---

1 **다음 질문에 대답해 봅시다.**

1) 최근 보이스 피싱 범죄가 얼마나 많아졌습니까?

2) 로안 씨는 왜 보이스 피싱 범죄가 늘었다고 생각합니까?

3) 사기범은 사토 씨에게 전화해서 뭐라고 했습니까?

4) 사토 씨는 로안 씨에게 어떤 조언을 해 주었습니까?

2 다음 표현을 공부하고 빈칸에 맞게 써 봅시다.

| 보이스 피싱 | 설마 | 심각하다 |
| 당황하다 | 사칭하다 | 속다 | 의심되다 |

1) 사기꾼에게 _________________________ 전 재산을 다 날렸다.

2) 그는 사건 발생 전에 _________________________ 행동을 해서 경찰 조사를 받고 있다.

3) 그 사람은 유명 기업 직원이라고 _________________________ 결혼을 하려고 했다.

4) 면접시험에서 예상하지 못한 질문을 받고 _________________________ 아무 대답도 하지 못했다.

3 다음 발음에 주의하여 문장을 읽어 봅시다.

- 최근 **3년간** 전화 사기 범죄가 2배 이상 **증가했다고** 하네요.
- 저는 모르는 번호로 **걸려 온** 전화는 **절대로** 안 받아요.
- 사기라고 의심될 때에는 꼭 다시 **확인하는** 게 **좋을 것** 같아요.

4 다음 상황에 맞게 대화 연습을 해 봅시다.

친구 1	친구 2
범죄 사건 피해를 당한 경험에 대해서 이야기한다.	범죄 예방 방법에 대해서 이야기한다.

1 다음 범죄 발생 및 검거에 대한 통계를 보고 질문에 대답해 봅시다.

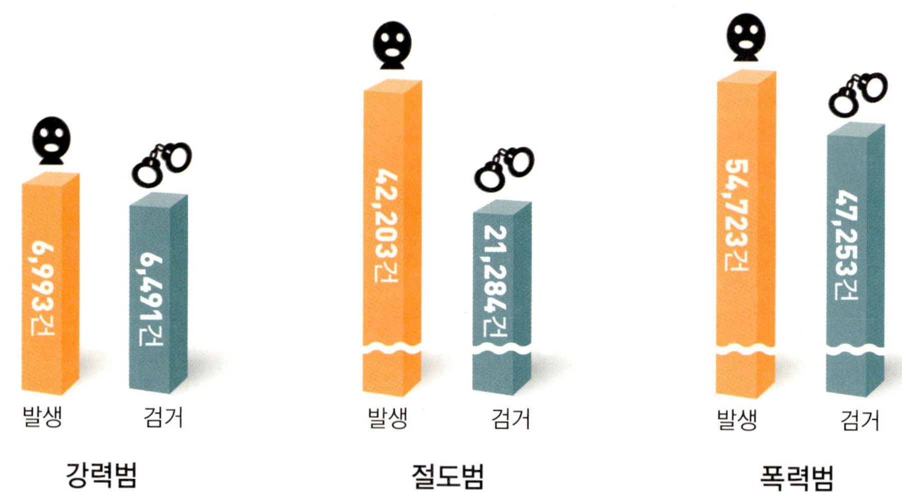

1) 강도·절도·폭력 범죄 중에 가장 많이 발생한 범죄는 무엇입니까?

2) 강력범, 절도범, 폭력범 중에 가장 검거율이 낮은 것은 무엇입니까?

3) 여러분 고향에서는 어떤 범죄가 자주 일어납니까?

2 뉴스 기사를 검색하여 최근 한국에서 발생한 사건에 대해 이야기해 봅시다.

기사 제목	
사건 일시	
사건 원인	
사건 내용	
사건 처리 결과	

3 여러분들이 검색한 범죄 사건의 목격자가 되어 대화해 봅시다.

1) 앵커와 목격자가 되어 범죄 사건에 대한 인터뷰를 해 봅시다.

앵커	오늘 성수동 폭행 사건에 대해 보도해 드렸는데요. 사건 현장을 목격하신 분과 전화 연결을 해서 이야기를 나누어 보겠습니다. 안녕하세요.

앵커	질문1: 언제 사건을 목격하셨나요?
목격자	└
앵커	질문2: 사건 당시 어떤 일이 있었나요? 당시 상황을 자세히 말씀해 주시겠습니까?
목격자	└
앵커	질문3: 피해자는 어떤 상태였나요?
목격자	└
앵커	질문4: 범인의 특징에 대해 기억나는 게 있으면 말씀해 주시겠습니까?
목격자	└

앵커	지금까지 성수동 폭행 사건의 목격자와 이야기를 나누어 보았습니다. 인터뷰에 응해 주셔서 감사합니다.

2) 친구들이 목격한 사건은 어떤 사건인지 알아봅시다.

	목격자	목격 내용
1		
2		

항목별 교통 문화 지수

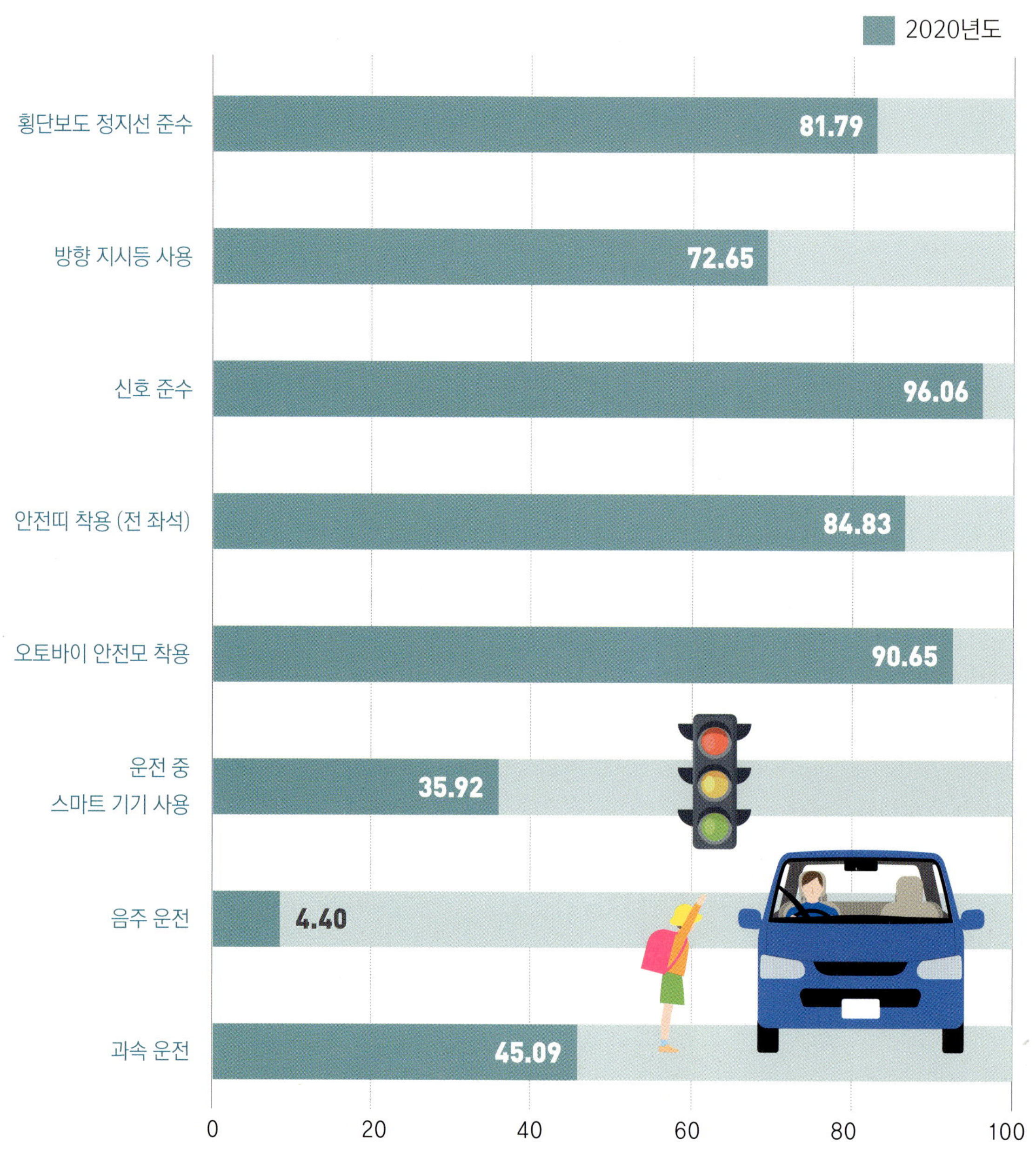

1 운전자들이 가장 잘 지킨 교통 법규는 무엇입니까?

2 여러분 나라나 고향 사람들은 교통 법규를 잘 지키는 편입니까?

1 다음 표현을 공부하고 빈칸에 맞게 써 봅시다.

| 재난 · 재해의 원인 | 부주의 | 안전 불감증 | 기상 이변 |

지진 / 태풍 / 홍수

자연재해 — 재해 · 재난 — 인적 재난

교통사고 / 화재 사고 / 안전사고

1) ________________________ 일어나는 바람에 집이 불에 타 버렸다.

2) 최근 ________________________ 때문에 태풍이나 홍수가 전보다 많아졌다.

3) 교통사고나 안전사고는 사람 때문에 일어나는 ________________________.

4) ________________________ 발생해서 건물이 흔들릴 때에는 탁자 아래로 몸을 피해야 한다.

5) 사고 위험에 대해 별다른 느낌을 갖지 못하는 것을 ________________________ 한다.

2 다음 표현을 공부하고 빈칸에 맞게 써 봅시다.

| 사고가 나다 | 탈출하다 | 구조하다 | 사망하다 |
| 피해를 입다 | 대피하다 | 복구하다 | 부상을 당하다 |

1) 우리 회사는 이번 홍수로 3천만 원 이상의 재산 ________________________.

2) 지진으로 파괴된 시설을 ________________________ 데에 모두가 힘을 모았다.

3) 모든 사람이 안전한 곳으로 ________________________ 다행히 인명 피해가 없었다.

4) 이번 화재 사고로 세 명이 ________________________ 여덟 명이 크게 다쳤다고 한다.

5) 그 선수는 경기 중에 ________________________ 병원에 입원하게 되었다.

1. (으)로 인해

예문
- 부주의로 인해 사고가 많이 일어나고 있다.
- 계속되는 경제난으로 인해 청년들은 취업난을 겪고 있다.

1 '(으)로 인해'를 사용해서 문장을 바꿔 봅시다.

보기 폭설 때문에 길이 막힌다. → 폭설로 인해 길이 막힌다.

1) 화재 사고 때문에 많은 사람이 다쳤다. → ___________________.

2) 그 연예인은 우울증 때문에 모든 활동을 중단했다고 한다. → ___________________.

3) 자동차가 증가해서 공기가 나빠지고 있다. → ___________________.

4) 지하철 공사를 해서 점심시간에도 교통 체증이 심하다. → ___________________.

2 '(으)로 인해'를 사용해서 대답해 봅시다.

1) 어제 고속도로에서 10중 추돌 사고가 있었다면서요? (짙은 안개)

2) 현대인들에게 성인병이 많아지는 이유는 뭘까요? (식단의 변화)

3) 요즘 탈모 때문에 고민하는 직장인들이 많아졌다면서요? (업무 스트레스)

4) 쓰레기 문제가 심각해진 원인이 뭐라고 생각하십니까? (일회용품 사용 증가)

3 '(으)로 인해'를 사용해서 여러분 고향의 자연재해에 대해 이야기해 봅시다.

지진   가뭄

태풍   폭설

2. –(으)ㄹ 뻔하다

예문
- 지하철에서 졸다가 가방을 놓고 내릴 뻔했다.
- 운전자가 신호 위반을 하는 바람에 교통사고가 날 뻔했다.

1 '–(으)ㄹ 뻔하다'를 사용해서 그림에 맞게 말해 봅시다.

1) 

2) 

3) 

2 '–(으)ㄹ 뻔하다'를 사용해서 문장을 완성해 봅시다.

> **보기** 설거지를 하다가 그릇을 깰 뻔했다.

1) 설거지를 하다 ——————— 그릇을 깨다

2) 이삿짐을 옮기다 ・　　　　・ 허리를 다치다

3) 버스에서 책을 읽다 ・　　　　・ 자동차와 부딪히다

4) 오토바이를 타고 가다 ・　　　　・ 내릴 곳을 지나치다

3 '–(으)ㄹ 뻔하다'를 사용해서 사건·사고 경험에 대해 친구와 이야기해 봅시다.

교통사고

사기 사건

예전에 교통사고로 크게 다칠 뻔했어요.

저는 이틀 전에 금융 사기를 당할 뻔했어요.

선생님	로안 씨, 아까 아침에 왜 학교에 늦게 왔어요?
로 안	죄송합니다. 갑자기 눈이 오는 바람에 길이 너무 막혀서 중간에 버스에서 내려서 걸어왔어요.
선생님	그랬군요. 한국은 이렇게 겨울에 폭설이 내릴 때가 있어요. 길이 많이 미끄러웠죠?
로 안	네. 걸어올 때 몇 번이나 넘어질 뻔했어요. 눈이 와서 경치는 예쁜데….
선생님	경치는 좋지만 폭설로 인해 피해가 커요. 눈길에 차가 갇혀서 교통이 마비되거나 빙판길 교통사고가 일어나서 인명 피해가 발생하기도 하죠.
로 안	눈이 많이 올 때에는 운전할 때 특히 조심해야겠네요.
선생님	네, 맞아요. 미리 일기예보를 확인하고 눈이 많이 올 때에는 대중교통을 이용하는 게 안전해요. 그리고 빙판길 사고가 일어나지 않도록 눈도 빨리 치워야 하고요.
로 안	제 고향은 눈이 안 와서 눈이 오면 좋을 줄 알았는데 꼭 그런 건 아니네요.

1 다음 질문에 대답해 봅시다.

1) 로안 씨는 왜 학교에 지각했습니까?

2) 겨울철 폭설로 인해 어떤 피해를 입을 수 있습니까?

3) 빙판길 사고를 예방하려면 어떻게 하는 것이 좋습니까?

4) 로안 씨 고향 날씨는 어떻습니까?

2 다음 표현을 공부하고 빈칸에 맞게 써 봅시다.

눈을 치우다	갇히다	마비되다	빙판길	인명 피해

1) 어제 _______________________ 넘어지는 바람에 다리를 다쳐서 깁스를 했다.

2) 갑자기 인터넷이 끊겨서 회사 업무가 _______________________.

3) 어제 한 건물에서 큰불이 났지만 다행히 _______________________ 없다고 한다.

4) 엘리베이터에 _______________________ 때에는 당황하지 말고 비상 버튼을 눌러야 한다.

3 다음 발음에 주의하여 문장을 읽어 봅시다.

- 걸어올 때 몇 번이나 **넘어질 뻔했어요**.

- **빙판길** 교통사고가 일어나서 인명 피해가 **발생하기도** 하죠.

- 눈이 오면 **좋을 줄 알았는데** 꼭 그런 건 아니네요.

4 다음 상황에 맞게 대화 연습을 해 봅시다.

학생	선생님
학교에 지각한 이유와 처음 겪은 자연재해에 대해서 이야기한다.	한국 날씨의 특징과 자연재해 피해 예방법에 대해서 설명한다.

지각 이유

↓

계절 날씨 특징

↓

자연재해 피해

↓

자연재해 대비

(으)로 인해

–(으)ㄹ 뻔하다

1 다음 최근 3년간 서울시 119 신고 건수 통계를 보고 질문에 대답해 봅시다.

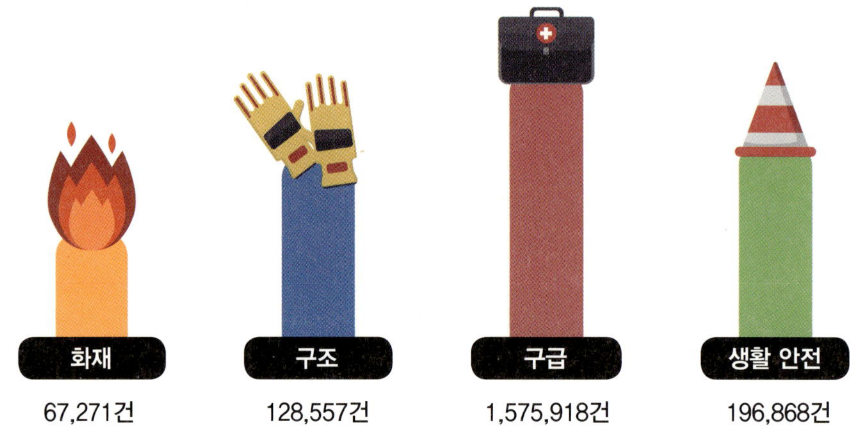

1) 119에 신고를 하면 어떤 도움을 받을 수 있습니까?

2) 서울 시민들은 119에 신고를 해서 어떤 도움을 가장 많이 요청했습니까?

3) 여러분 나라에서는 화재가 일어났을 때 어디로 전화를 해야 합니까?

2 다음 119 전화 신고 방법을 알아보고 신고 시 주의할 점에 대해 이야기해 봅시다.

119로
신고해요.

사고 위치를
정확히 말해요.

사고 상황을
자세히 설명해요.

119 지시를
따라요.

1) 사고 위치를 정확히 모를 때에는 어떻게 해야 할까요?

2) 사고 상황을 설명할 때 어떤 것을 말해야 할까요?

3) 119에 신고할 때에는 어떤 것에 주의해야 할까요?

3 사고 목격자가 되어 다음과 같이 119에 신고해 봅시다.

119	질문1: 119입니다. 무엇을 도와 드릴까요?
신고자	ㄴ, 여기 사람이 눈길에 미끄러져서 크게 다쳤어요.
119	질문2: 정확한 사고 위치를 말씀해 주십시오.
신고자	ㄴ, 왕십리역 6번 출구 앞이에요.
119	질문3: 사고 상황을 설명해 주시겠어요? 환자가 의식은 있나요?
신고자	ㄴ, 의식은 있는데 다리를 다쳐서 움직이지 못하고 있어요.
119	환자를 강제로 옮기지 마시고요. 체온이 떨어지지 않게 옷이 있으면 덮어 주세요. 바로 구급차를 보내겠습니다.

사고 접수 내용	• 눈길 사고로 인해 다리를 다침. • 사고 현장으로 구급차를 보냄.

☐ 교통사고　　　☐ 화재 사고　　　☐ 안전사고

119	질문1: 119입니다. 무엇을 도와 드릴까요?
신고자	ㄴ,
119	질문2: 정확한 사고 위치를 말씀해 주십시오.
신고자	ㄴ,
119	질문3: 사고 상황을 설명해 주시겠어요?
신고자	ㄴ,
119	
신고자	

사고 접수 내용	• •

3 사건과 사고 – 활동

1 다음을 듣고 맞으면 O, 틀리면 X 하십시오.

1) 경찰 발표에 따르면 분노 범죄가 두 배 이상 증가했다고 한다. ( )

2) 예전에 남자는 밤에 혼자 다니는 것을 무서워했다. ( )

3) 산불로 인해 축구장까지 불에 타는 피해를 입었다. ( )

4) 여자는 엘리베이터 사고를 당했지만 다치지 않았다. ( )

2 다음을 듣고 질문에 답하십시오.

1 다음 중 들은 내용과 다른 것을 고르십시오.

① 이 씨는 당시에 혼자서 작업을 진행했다.

② 이 씨는 건물 지붕을 설치하는 일을 한다.

③ 이 씨는 일을 할 때 안전모를 쓰고 있었다.

④ 이 씨는 건물에서 떨어지는 사고로 숨졌다.

2 공사 현장에서 안전 규칙을 잘 지키지 않는 이유는 무엇입니까?

____

3 다음을 듣고 질문에 답하십시오.

1 다음 중 들은 내용과 다른 것을 고르십시오.

① 남자는 예전에 뉴스 인터뷰를 한 적이 있다.

② 남자는 용감한 시민으로 선정되어 상을 받았다.

③ 남자는 혼자 힘으로 흉기를 든 범인을 검거했다.

④ 남자는 영화배우가 되기 전 편의점 강도를 잡았다.

2 남자가 용기를 낼 수 있었던 이유는 무엇입니까?

____

4 다음을 듣고 질문에 답하십시오.

| 판사 | 청소년 범죄 | 또래 압박 |

1 다음 중 들은 내용과 같은 것을 고르십시오.

① 여자 청소년 범죄는 점차 줄어들고 있다.

② 청소년 강력 범죄는 예전보다 감소하고 있다.

③ 청소년 범죄 비율이 지난 10년 전에 비해 높아졌다.

④ 범죄를 저지르는 청소년들의 평균 나이가 높아지고 있다.

2 또래 압박으로 인해 청소년들이 많이 저지르는 범죄는 무엇입니까?

㉠ _______________________________   ㉡ _______________________________

3 청소년들이 범죄를 일으키는 원인 세 가지는 무엇입니까?

㉠ ____

㉡ **또래 압박을 견디지 못한다.**

㉢ ____

4 들은 내용을 요약해서 말해 봅시다.

5 다음 질문에 대답해 봅시다.

1) 여러분들은 청소년 범죄에 대한 처벌을 강화해야 한다고 생각합니까?

2) 청소년 범죄 처벌을 강화하는 것 외에 다른 방법은 무엇이 있을까요?

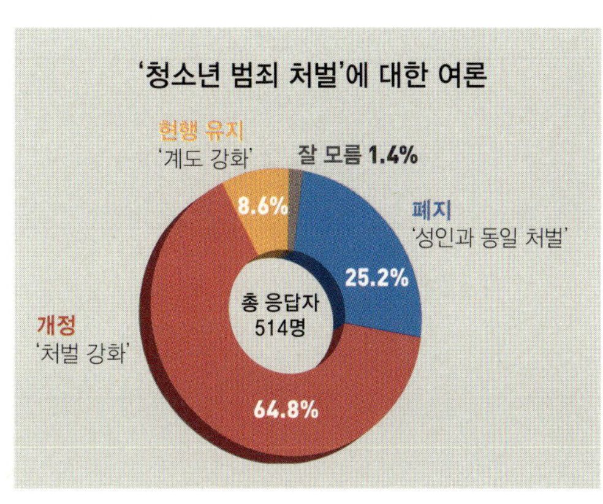

1 다음 질문에 대답해 봅시다.

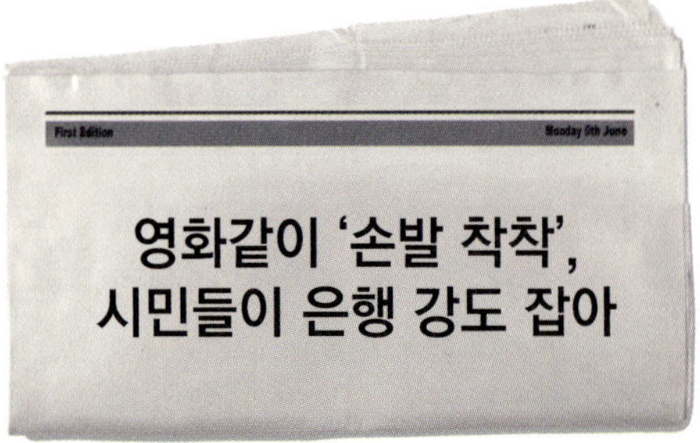

1) 이 기사 제목은 어떤 사건에 대한 것일까요?

2) 여러분들은 이 기사와 비슷한 사건 기사를 본 적이 있나요?

2 다음 글을 읽어 봅시다.

행당동 화재 사건 김용감 씨, 올해의 'LC 의인상' 수상

LC복지재단은 서울시 성동구 행당동에 위치한 오피스텔 화재 현장에 홀로 뛰어들어 의식을 잃은 주민을 구한 김용감(30) 씨에게 'LC 의인상'을 전달한다고 밝혔다. 이 상은 "국가와 사회를 위해 자신을 희생한 의인에게 기업이 사회적 책임으로 보답한다."는 LC그룹 회장의 뜻을 따라 매년 수여되는 상이다.

화재 현장 인근에서 식당을 운영하는 김 씨는 지난 8일 오후 3시경 오피스텔 건물에서 연기가 나는 것을 목격했다. 김 씨는 곧바로 119에 신고한 후 건물 안으로 뛰어 들어가 화재로 연기가 가득한 5층에서 인기척이 있는 방을 발견했다. 김 씨는 맨손으로 출입문을 열려고 시도했으나 아무리 애를 써도 문이 열리지 않아 다시 1층으로 내려갔다. 문을 강제로 열 수 있는 도구를 가지고 5층으로 올라가 어렵게 문을 연 후에 유독 가스를 마시고 쓰러져 있는 주민을 밖으로 옮겼다.

당시 화재 현장에 출동한 소방 관계자에 따르면 구조된 주민은 양팔 및 얼굴에 심한 화상을 입었지만 다행히 생명에는 지장이 없는 것으로 알려졌다. 김 씨 역시 손에 약간의 화상을 입었으나 구조된 이웃의 안부를 먼저 묻고 부상자가 병원으로 안전히 이송된 것을 확인한 후에 병원에서 치료를 받은 것으로 전해졌다.

    LC복지재단 관계자는 "김용감 씨의 행동으로 인해 우리 사회가 용기와 희생 정신의 위대함을 느낄 수 있었던 만큼 의인상을 수여하기로 결정했다."고 말했다. 김 씨의 주변 사람들도 김 씨가 아니었으면 사람이 죽을 뻔했다면서 얼굴도 이름도 모르는 이웃을 위해 불길 속으로 뛰어든 김 씨와 한 동네에 살고 있다는 것이 자랑스럽다고 전했다. 김 씨는 당연히 해야 할 일을 한 것뿐인데 상까지 받게 돼서 쑥스럽다며 받게 될 상금은 어려운 이웃을 위해 기부하겠다는 의사를 밝혔다. 한편 이번 시상은 오는 30일 LC복지재단 본사에서 진행되며 상장과 함께 상금으로 천만 원이 주어진다.

3 위의 글을 읽고 질문에 대답해 봅시다.

1 윗글의 내용과 맞으면 O, 틀리면 X 하십시오.

① 김 씨는 한 복지재단에서 수여하는 상을 받게 되었다.   (   )

② 김 씨는 도구를 사용하여 출입문을 강제로 열었다.   (   )

③ 김 씨가 구조한 시민은 안타깝게 숨을 거두었다.   (   )

④ 김 씨는 이번 화재로 인해 손에 화상을 입었다.   (   )

2 김 씨의 행동에서 우리 사회는 무엇을 느낄 수 있었습니까?

____

4 다음 주제로 작문을 하십시오.

주제: 사건·사고 기사

※ 기자가 되어 육하원칙에 따라 사건·사고 기사문을 작성하십시오.

1 최근 여러분 나라에서 다른 사람의 생명을 구해 뉴스에 소개된 사람은 누구입니까?

2 생명을 구하기 위해 그 사람은 어떤 행동을 했습니까?

12 환경 보호

학습 목표

1 환경 오염의 종류

어휘 | 환경 오염의 종류, 환경 오염의 원인
문법 | -다가는, -(으)ㄹ 게 뻔하다
대화 | 대기 오염 문제점 말하기
말하기 | 미래 환경 오염의 심각성 이야기하기

2 환경 보호 실천

어휘 | 환경 보호 대책, 환경 보호 실천
문법 | -더라고요, -길래
대화 | 쓰레기 분리배출 방법 말하기
말하기 | 환경 보호를 위한 실천 방법 소개하기

3 환경 보호 – 활동

듣고 말하기 | 친환경 상품 개발에 대해 듣고 말하기
읽고 쓰기 | 환경 보호 실천에 대한 글 읽고 쓰기

1 환경 오염의 종류

1. 이 사진은 무엇을 말해 주고 있습니까?

2. 여러분 주변의 환경은 어떻습니까?

1 다음 표현을 공부해 봅시다.

환경 오염	수질 오염 대기 오염 토양 오염 방사능 오염	공해	소음 공해 전파 공해 빛 공해

2 다음 표현을 공부하고 빈칸에 맞게 써 봅시다.

매연	미세 먼지	숨쉬기가 어렵다
농약	쓰레기 매립	쓰레기가 썩지 않다
폐유	폐수	떼죽음을 당하다

1) 며칠 동안 황사가 심해서 사람들은 ________________________.

2) 플라스틱 같은 물질은 ________________ 토양 오염의 주요 원인이 되고 있다.

3) 공장의 ______________ 때문에 강에 살고 있는 물고기가 ______________.

4) 자동차의 ______________ 대기 오염의 주된 원인이 되니까 대중교통을 이용하는 것이 좋다.

5) 채소나 과일 농사를 지을 때 ______________ 사용하지 않는 상품이 인기를 끈다.

1. -다가는

예문
- 그렇게 고기만 먹다가는 성인병에 걸리게 될 거예요.
- 저렇게 과속하다가는 사고가 나고 말 거예요.

1 '-다가는'을 사용해서 문장을 완성해 봅시다.

> **보기** 어두운 곳에서 책을 읽다가는 눈이 나빠질 거예요.

1) 어두운 곳에서 책을 읽다 ————————— 눈이 나빠지다

2) 추운 날씨에 돌아다니다 •   • 감기에 걸리다

3) 거짓말을 자주 하다 •   • 비행기를 놓치다

4) 그렇게 늑장을 부리다 •   • 친구가 없어지다

2 '-다가는'을 사용해서 대답해 봅시다.

1) 어제도 밤 12시에 치킨을 먹고 잤어요.

2) 요즘 일이 바빠서 고향 친구들한테 연락 안 한 지 오래됐어요.

3) 이번 주에도 친구들하고 노느라고 계속 숙제를 안 했어요.

4) 이가 아픈데도 무서워서 치과에 안 가고 있어요.

3 '-다가는'을 사용해서 환경 오염의 심각성에 대해 이야기해 봅시다.

> 일회용 플라스틱 용기를 이렇게 많이 사용하다가는
> 온 세상이 쓰레기로 덮일 거예요.

2. -(으)ㄹ 게 뻔하다

예문	•그 강의는 너무 어려워서 학생들이 이해를 못 할 게 뻔하다.
	•그 신발은 인기 상품이라서 다 팔렸을 게 뻔하다.

1 '-다가는 -(으)ㄹ 게 뻔하다'를 사용해서 문장을 완성해 봅시다.

> 보기   그렇게 놀기만 하다가는 시험에 떨어질 게 뻔해요.

1) 그렇게 놀기만 하다   건강이 나빠지다

2) 자주 밤을 새우다   시험에 떨어지다

3) 돈을 그렇게 낭비하다   가게 문을 닫게 되다

4) 계속 손님한테 불친절하게 하다   빈털터리가 되다

2 '-아/어 봤자 -(으)ㄹ 게 뻔하다'를 사용해서 대답해 봅시다.

1) 설 연휴 비행기표가 있는지 확인해 볼까요?

2) 선생님께 시험을 연기할 수 있는지 말해 봅시다.

3) 지금 아침 8시인데 약국 문을 열었는지 가 볼까요?

4) 5분 남았는데 지금 뛰어가면 지각 안 하겠죠?

3 '-(으)ㄹ 게 뻔하다'를 사용해서 환경 보호에 대한 노력이 없다면 우리의 생활이 어떻게 될지 이야기해 봅시다.

46

페이 아침 뉴스를 보니까 오늘도 미세 먼지 지수가 '매우 나쁨'이라고 하던데요.

서준 네, 저도 봤어요. 요즘은 아침에 일어나자마자 미세 먼지 지수부터 보게 돼요.

페이 요즘은 일 년 중에 파란 하늘을 볼 수 있는 날이 며칠밖에 안 돼서 너무 슬퍼요.

서준 맞아요. 작년에는 공기가 좀 나빠도 마스크를 쓰고 다닐 정도는 아니었는데 점점 대기 오염이 심해지는 것 같아요. 야외 활동을 자제하라는 재난 문자 메시지도 자주 들어와요.

페이 이렇게 대기 오염이 심해지다가는 앞으로 마스크 없이는 아무 데도 못 나가게 될 게 뻔해요.

서준 우리 농구 동아리 모임에서도 오늘 경기를 취소했어요. 이렇게 미세 먼지가 심한 날에는 운동을 하면 오히려 건강이 더 나빠지잖아요.

페이 공장의 매연이나 자동차 배기가스가 미세 먼지의 가장 큰 원인이 되니까 사람들이 조금이라도 노력을 하면 대기 오염이 좀 줄어들지 않을까요?

서준 다행히 요즘처럼 미세 먼지가 심한 날에는 대중교통을 이용하는 사람들이 많아졌어요. 환경 문제에 대한 사람들의 의식 수준이 높아졌거든요.

1 **다음 질문에 대답해 봅시다.**

1) 페이 씨가 슬프다고 생각하는 것은 무엇 때문입니까?

2) 페이 씨는 앞으로 대기 오염이 더욱 심해진다면 어떤 일이 생길 거라고 했습니까?

3) 서준 씨의 동아리에서 오늘 농구 경기를 취소한 이유는 무엇입니까?

4) 환경 문제에 대한 사람들의 의식 수준이 높아진 것을 어떻게 알 수 있습니까?

2 다음 표현을 공부하고 빈칸에 맞게 써 봅시다.

지수	재난 문자 메시지	의식 수준	공기
자제하다	줄어들다	배기가스	

1) 요즘 시민들은 ________________________ 높아져서 질서를 잘 지킨다.

2) 나는 일기 예보에 나오는 빨래 ____________________ 보고 날씨가 좋을 때 이불 빨래를 한다.

3) 눈이 오는 날에는 운전을 ____________________ 대중교통을 이용하는 것이 좋다.

4) 여름철에는 폭염에 주의하라는 ____________________ 자주 받는다.

3 다음 발음에 주의하여 문장을 읽어 봅시다.

- 마스크 없이는 아무 데도 **못 나가게** 될 게 **뻔해요**.

- 조금이라도 노력을 하면 대기 오염이 좀 **줄어들지** 않을까요?

- 환경 문제에 대한 **사람들의 의식 수준이** 높아졌거든요.

4 다음 상황에 맞게 대화 연습을 해 봅시다.

친구 1	친구 2
환경 오염의 종류와 문제점을 말하고 원인과 해결 방안에 대해 이야기한다.	

-다가는
-(으)ㄹ 게 뻔하다

뉴스 내용

↓

환경 오염의 예

↓

환경 오염으로
생긴 문제

↓

환경 오염의
원인과 해결 방안

1 다음을 보고 질문에 대답해 봅시다.

	질문	○△X
수질	1. 수돗물을 반드시 끓여서 마십니까? 2. 강에서 물고기를 잡거나 수영하기가 어렵습니까? 3. 샤워를 한 후에 피부가 나빠진 적이 있습니까?	
대기	1. 스모그 때문에 마스크를 쓴 적이 있습니까? 2. 미세 먼지 때문에 야외 활동을 못 한 적이 있습니까? 3. 차량이 많아서 출퇴근길이 많이 막히는 편입니까?	
토양	1. 과일을 씻어서 먹어야 합니까? 2. 흙에서 악취가 날 때가 있습니까?	
공해	1. 빛 때문에 잠을 자는 데에 방해를 받은 적이 있습니까? 2. 공장이나 비행기, 자동차 소음 때문에 방해를 받습니까?	

1) 여러분이 현재 살고 있는 곳의 환경은 어떻습니까?

2) 현재 살고 있는 곳과 고향의 환경은 어떻게 다릅니까?

2 여러분 고향의 환경이 어떻게 달라졌는지 말해 봅시다.

	10년 전	현재
수질		
대기		
토양		
공해		

3 다음 자연 보호 표어를 읽고 이야기해 봅시다.

1) 여러분 고향의 가장 큰 환경 문제와 그 원인은 무엇이라고 생각합니까? 그리고 10년 후에는 어떤 변화가 있을 것으로 생각합니까? 표를 작성하고 발표해 봅시다.

고향 지명	
환경 문제와 원인	
10년 후 모습	
필요한 노력	

2) 환경 문제 중 하나를 골라 '환경 보호'를 주제로 표어를 만들어 발표해 봅시다.

환경 문제	표어	의미
☐ 수질 오염 ☐ 대기 오염 ☐ 토양 오염		

2 환경 보호 실천

1 이 사람들은 무엇을 하고 있습니까?

2 여러분도 이런 일을 한 적이 있습니까?

1 다음 표현을 공부하고 빈칸에 맞게 써 봅시다.

쓰레기 분리배출	아나바다 운동	쓰레기 종량제 봉투
환경 보호 단체	그린벨트	

1) 골프장 건설을 반대하는 _________________ 주장으로 건설이 중단되었다.

2) 주민 센터는 _________________ 열어서 사용하지 않는 물건을 교환하도록 하였다.

3) 정부는 녹지대 보존을 위해 도시 외곽을 _________________ 지정했다.

4) 일반 쓰레기를 버릴 때는 _________________ 담아서 버려야 한다.

5) _________________ 할 때는 재활용 쓰레기와 일반 쓰레기를 구분해야 한다.

2 다음 표현을 공부하고 질문에 대답해 봅시다.

차량 5부제에 동참하다	세제를 적게 사용하다	일회용품 사용을 줄이다
장바구니를 이용하다	환경 보호 운동을 벌이다	친환경 농산물을 재배하다

1) 차량 5부제에 참여하는 사람들에게 혜택을 준다면 여러분은 참여하겠습니까?

2) 여러분은 장바구니를 자주 사용합니까? 사용하지 않는 이유는 무엇입니까?

3) 친환경 농산물을 재배하는 이유는 무엇입니까?

4) 여러분은 세제를 적게 사용하거나 일회용품 사용을 줄이기 위해 노력을 하고 있습니까?

5) 여러분 고향에서는 어떤 환경 보호 운동을 벌이고 있습니까?

1. –더라고요

예문
- 오늘 광고를 봤는데 우리 구청 광장에서 아나바다 운동을 하더라고요.
- 아침에 일어나서 창문을 열어 보니까 눈이 많이 쌓였더라고요.

1 '–더라고요'를 사용해서 대답해 봅시다.

1) 같은 드라마를 왜 여러 번 봤어요? (내용이 정말 재미있었다)

2) 왜 우산을 가지고 왔어요? (아침에 하늘을 보니까 비가 올 것 같았다)

3) 빈 병을 안 버리고 모아 두셨네요. (가게에 가져가면 병 값을 돌려주었다)

4) 학교 앞 식당에 자주 가시나 봐요. (그 식당 음식이 내 입에 잘 맞았다)

5) 박물관에 갔다가 왜 그냥 왔어요? (오늘이 휴관일이었다)

2 '–았/었더라고요'를 사용해서 대답해 봅시다.

1) 오랜만에 초등학교 친구를 만나니까 어땠어요? (키가 아주 커졌다)

2) 그 초등학교 때 친구는 지금 뭐 해요? (고등학교 졸업 후 취직을 했다)

3) 왜 환전을 안 했어요? (오늘 환율이 많이 올랐다)

4) 돌잔치에 가서 보니까 아기가 누구를 닮았던가요? (엄마, 아빠를 반반 닮았다)

3 여러분이 여행한 지역에서는 환경 보호를 위해 어떤 노력을 하던가요? '–더라고요'를 사용해서 이야기해 봅시다.

> 저는 뉴욕에 갔는데 사람들이 쓰레기 분리배출을 잘 하더라고요.
> 그리고 생수병을 기계에 넣으면 동전을 받을 수 있더라고요.

2. -길래

예문
- 남산서울타워에 갔는데 야경이 정말 예쁘길래 사진을 많이 찍었다.
- 친구가 하루 종일 전화를 안 받길래 걱정이 돼서 친구 집에 찾아갔다.

1 '-길래'를 사용해서 문장을 완성해 봅시다.

> **보기**   사과가 싸길래 많이 샀어요.

1) 사과가 싸다   2인분을 시켰다

2) 배가 고프다   창문을 닫았다

3) 바람이 많이 불다   많이 샀다

4) 조조 영화표가 매진되었다   작은 사이즈로 바꿨다

5) 바지가 너무 크다   오후 영화표를 예매했다

2 '-길래'를 사용해서 대답해 봅시다.

1) 여름옷을 많이 사셨네요. (요즘 날씨가 좀 덥다)

2) 어제는 왜 일찍 잤어요? (너무 피곤하다)

3) 이번 방학에는 고향에 안 가기로 했어요? (비행기 요금이 많이 올랐다)

4) 무슨 약을 드세요? (머리가 좀 아프다)

5) 중형차를 산다고 하더니 왜 소형차를 계약했어요? (세금 혜택이 많다)

3 '-길래'를 사용해서 여러분의 환경 보호 실천 방법에 대해 이야기해 봅시다.

> 에너지 절약도 되고 건강에도 좋길래 저는 엘리베이터를 타지 않고 계단으로 다녀요.

> 마트에서 병 값을 돌려주길래 저는 빈 병을 마트에 가져가요.

소 명 아저씨, 죄송하지만 이 음식물 쓰레기는 어디에 버려야 해요?

아저씨 오늘 새로 들어온 학생이죠? 음식물 쓰레기는 저기에 버리면 돼요. 그리고 재활용 쓰레기는 버리기 전에 일반 쓰레기랑 잘 구분해서 저쪽에 정리해 놓으면 되고요.

소 명 감사합니다. 그런데 일반 쓰레기는 쓰레기봉투에 넣어서 버려야 되죠?

아저씨 네. 기숙사 근처 마트에 가면 종량제 봉투가 있어요. 사이즈가 다양하니까 필요한 사이즈를 사면 돼요.

소 명 근데 치킨 뼈는 일반 쓰레기봉투에 버려야 되죠? 저는 음식물 쓰레기인지 일반 쓰레기인지 이런 게 좀 헷갈리더라고요.

아저씨 그건 외국인 학생들뿐만 아니라 한국 학생들도 잘못 버리는 경우가 많아요. 우리가 보통 때 먹지 않는 것은 모두 일반 쓰레기라고 생각하면 쉬워요.

소 명 아, 그러면 계란 껍데기나 생선의 뼈도 다 일반 쓰레기가 되겠네요.

아저씨 맞아요. 어제도 어떤 학생이 쓰레기를 잘못 버렸길래 설명을 해 줬는데 쓰레기를 제대로 버리는 것도 환경 보호를 실천하는 일이니까 잘 따라 주면 좋겠어요.

---

1 다음 질문에 대답해 봅시다.

1) 소명 씨가 지금 버리려고 하는 쓰레기는 어떤 것입니까?

2) 일반 쓰레기를 버릴 때는 어떻게 해야 합니까?

3) 음식물 쓰레기와 일반 쓰레기는 어떻게 구분하는 것이 쉽다고 했습니까?

4) 쓰레기를 제대로 버리는 것이 중요한 이유는 무엇입니까?

2 다음 표현을 공부하고 빈칸에 맞게 써 봅시다.

재활용	헷갈리다	껍데기	뼈
구분하다	실천하다	따르다	

1) 학생들이 규칙을 잘 _______________ 주어서 현장 체험 수업을 잘 마칠 수 있었다.

2) 계획을 세우는 것보다 그 계획을 _______________ 것이 더 어렵다고들 한다.

3) 비전문가의 눈으로 볼 때는 진짜와 가짜 상품을 _______________ 쉽지 않다.

4)) '껍질'과 '껍데기'가 어떻게 다른지 한국인들도 _______________.

3 다음 발음에 주의하여 문장을 읽어 봅시다.

- **일반 쓰레기랑** 잘 **구분해서** 저쪽에 **정리해** 놓으면 되고요.

- **음식물** 쓰레기인지 **일반** 쓰레기인지 이런 게 좀 **헷갈리더라고요**.

- 환경 보호를 **실천하는** 일이니까 잘 **따라** 주면 좋겠어요.

4 다음 내용으로 위와 같이 대화해 봅시다.

친구 1	친구 2
쓰레기 분리배출 방법에 대해 묻고 설명해 준다.	

-더라고요
-길래

쓰레기 배출 방법 문의

↓

쓰레기 배출 방법 설명

↓

쓰레기 구분 방법

↓

쓰레기 구분 방법 설명

1 다음을 보고 질문에 대답해 봅시다.

1) 빈 병을 버릴 때 주의해야 하는 것은 무엇입니까?

2) 우유 팩을 버릴 때 주의해야 하는 것은 무엇입니까?

3) 비닐 코팅이 된 물건에는 어떤 것이 있습니까?

2 다음을 보고 ㄱ 일반 쓰레기, ㄴ 음식물 쓰레기, ㄷ 재활용 쓰레기, ㄹ 기타로 분류해 봅시다.

양파 껍질	조개껍데기
유리컵	냉장고
닭고기 뼈	운동화
베개	시계 건전지
나무 의자	아이스 팩
딸기 상자	공책
샴푸 통	알약

1) 재활용이 되는 것은 무엇입니까?

2) 음식물 쓰레기는 어떤 것입니까?

3) 다른 것과 함께 버리지 말고 따로 모아서 버려야 하는 것은 무엇입니까?

4) 주민 센터에 가거나 인터넷으로 신고해서 버려야 하는 것은 무엇입니까?

3 쓰레기 분리배출 방법에 대해 말해 봅시다.

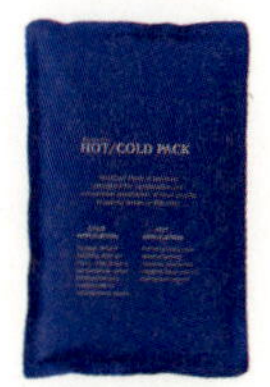  

질문	대답
1. 아이스 팩은 어떻게 버려야 하나요?	아이스 팩을 버릴 때 내용물은 쓰레기 종량제 봉투에 넣어 버리고 비닐은 비닐류에 버리는 방식이 좋다고 한다.
2. 건전지는 어떻게 버리나요?	다 쓴 건전지는 종량제 봉투에 버리지 말고 반드시 건전지를 따로 모아서 버려야 한다. 어떤 지역의 구청에서는 폐건전지 10개를 모아서 가져가면 10L 종량제 봉투로 교환해 주기도 하니까 잘 활용하는 것이 좋겠다.
3. 유통 기한이 지난 약은 어떻게 버리면 되나요?	약 케이스는 재활용 쓰레기나 쓰레기 종량제 봉투에 담아서 버리고 알약은 따로 모아서 가까운 약국에 주면 된다. 그냥 버리게 되면 집 주변의 강아지, 고양이가 잘못 먹는 일이 생길 수도 있다.
4. __________ 어떻게 버리면 되나요?	

4 환경 보호를 위해 여러분들이 할 수 있는 일이 무엇인지 발표해 봅시다.

환경 보호를 위해서 제가 집에서 쉽게 할 수 있는 일이 무엇인지 생각해 보았습니다. 우선 물을 아껴 쓰려고 합니다. 잘 생각해 보니까 그동안 제가 물을 아끼지 않고 그냥 흘려보내는 경우가 많았더라고요. 그리고 샴푸나 주방용 세제를 너무 많이 사용했는데 세제를 많이 사용하면 수질 오염의 원인이 되기도 하고 세제가 그릇에 남아 있는 경우에는 건강에도 안 좋기 때문에 양을 줄여서 사용하려고 합니다. 오늘도 세제가 벌써 없어졌길래 왜 그런가 생각해 봤더니 너무 낭비를 많이 했던 것 같습니다. 앞으로 경제적인 문제뿐만 아니라 환경을 위해서라도 물과 세제를 아껴서 쓰겠습니다.

1 다음을 듣고 맞으면 O, 틀리면 X 하십시오.

1) 환경 오염으로 인한 사망자가 전 세계 사망자의 절반이라고 한다. ( )

2) 남자의 고향은 수질 오염이 여전히 심각하다. ( )

3) 하늘공원은 예전에 쓰레기 매립지로 이용되었다. ( )

4) 오늘 운전하는 사람들에게 차량 2부제에 동참하도록 하였다. ( )

2 다음을 듣고 질문에 답하십시오.

1 들은 내용과 다른 것을 고르십시오.

① 코팅이 된 종이컵은 종이류로 배출하면 된다.

② 남자는 우유 팩 쓰레기를 잘못 버린 적이 있다.

③ 여자는 쓰레기 분리배출 방법에 대해 헷갈려한다.

④ 남자의 고향에서는 종이컵을 종량제 봉투에 버리지 않는다.

2 남자가 쓰레기 분리배출을 하는 두 가지 이유는 무엇입니까?

㉠ _______________________________   ㉡ _______________________________

3 다음을 듣고 질문에 답하십시오.

1 들은 내용과 맞는 것을 고르십시오.

① 남자는 주민 센터에 비누를 받으러 갔다.

② 이 비누는 언제든지 주민 센터에서 살 수 있다.

③ 남자는 이 비누를 사용해 보고 좋은 점을 알게 되었다.

④ 친환경 비누를 만들 때는 새로운 식용유로 만드는 것이 좋다.

2 친환경 비누를 만드는 것은 어떤 점에서 좋습니까?

㉠ _______________________________   ㉡ _______________________________

4 다음을 듣고 질문에 답하십시오. 

1 친환경 자동차로 빠르게 전환해야 하는 이유는 무엇입니까?

____

2 환경적인 면에서 전기 차와 수소 차의 이로운 점은 어떤 것입니까?

전기 차	㉠
수소 차	㉡

3 여자는 한국의 친환경 자동차 개발이 어느 정도 이루어졌다고 했습니까?

전기 차	㉠
수소 차	㉡

4 들은 내용을 요약해서 말해 봅시다.

5 우리가 사용하고 있는 물건 중 '친환경 상품'은 어떤 것이 있는지 이야기해 봅시다.

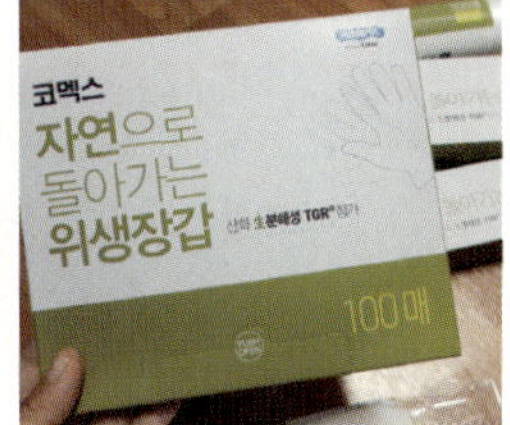

출처: blog.naver.com/ksjae0207

친환경 상품 이름	
환경에 이로운 점	

1 다음 질문에 대답해 봅시다.

"자원 순환"

생활 쓰레기는 고형화한다. 고형화한 연료는 에너지로 전환하여 사용한다.

음식물 쓰레기는 미생물로 발효시켜 냉난방 연료나 발전 연료로 사용한다.

페트병 하나를 열분해 하면 가정용 전구를 20분 이상 밝힐 수 있는 에너지를 생산한다.

1) 쓰레기 종류에 따라 어떻게 자원 순환을 하나요?

2) 자원을 순환하기 위해 우리는 어떤 노력을 해야 하나요?

2 다음 글을 읽어 봅시다.

자원 순환 사회

　자원 순환 사회란 쓰레기가 생기지 않도록 사용한 물건을 다시 자원화하는 사회를 말한다. 자원 순환 사회를 만들기 위해서는 쓰레기를 재사용하거나 재활용하여, 쓰레기를 불에 태우거나 땅에 매립하는 것을 최소화하는 자원 순환 체계를 마련하는 것이 매우 중요하다. 자원 순환 체계를 마련하기 위한 환경 운동에는 5R 운동이 있다.

　5R 운동은 '구매 전 다시 생각하고(Rethink)', '쓰레기를 줄이고(Reduce)', '버릴 물건을 다시 사용하고(Reuse)', '고장 난 물건을 고쳐 쓰고(Repair)', '재활용 제품을 적극 사용하자(Recycle)'는 것인데 환경 보호 운동인 녹색 소비 생활의 기본이 되는 운동이다. 5R 운동에서 가장 중심이 되는 것은 '쓰레기의 재활용'과 '쓰레기의 자원화'라고 할 수 있는데 이 내용에 대해 좀 더 알아보기로 하자.

　자원 순환 사회를 실현하기 위해서는 먼저 버리는 자원을 최소화하고 쓰레기를 분리배출하여 재활용하는 것을 생활화해야 한다. 일반적으로 재활용이 가능한 생활 쓰레기 중에 종이, 캔, 플라스틱 등에는 분리배출 표시 및 재질 분류 표시가 되어 있기 때문에 일반 소비자들도 쉽게 분리배출 할 수 있다.

　자원 순환 사회를 만들기 위한 두 번째 방안으로 쓰레기를 자원화하는 문제를 들 수 있다. 우리 생활 속의 쓰레기를 버리지 않고 적절히 활용하면 새로운 에너지원과 자원으로 바꿀 수 있다. 예를 들어 페트병을 열분해 하거나, 음식물 쓰레기 등을 발효시켜 에너지를 생산할 수 있다. 또한, 폐기물을 고형화하여 연료로 사용할 수도 있다.

　세계의 많은 국가는 자원을 절약하여 자원 순환형 사회로 가기 위해 노력하고 있다. 이러한 사회를 실현하기 위해서는 국민 개개인이 환경 의식을 가지고 개인과 가정에서부터 환경 보호를 하나씩 실천해 나가는 것이 중요하다.

3　위의 글을 읽고 질문에 대답해 봅시다.

1　윗글의 내용과 맞으면 O, 틀리면 X 하십시오

① 자원 순환형 사회로 가기 위해서는 불에 잘 타는 물건을 사용하는 것이 좋다. 　　(　　)

② 꼭 필요한 물건을 사는 것은 자원 순환 사회를 만드는 방법 중의 하나이다. 　　(　　)

③ 음식물 쓰레기를 에너지원으로 바꾸는 것이 가능하다. 　　(　　)

④ 자원 순환 사회를 만들기 위해서는 개인의 환경 의식이 가장 필요하다. 　　(　　)

2　5R 운동에서 가장 중심이 되는 두 가지 방안은 무엇입니까?

㉠ _________________________　　　　㉡ _________________________

4　다음 주제로 작문을 하십시오.

주제: 환경 보호와 실천 방안

1 환경 오염의 종류(한 가지)와 그 원인은 무엇입니까?

2 그 환경 오염으로 인한 문제는 무엇입니까?

3 그 문제를 해결하기 위한 실천 방안으로는 어떤 것이 있습니까?

7과 스마트 시대

1

모바일 기기	와이파이	네트워크	무인 단말기
키오스크	사물 인터넷	인공 지능	블루투스
애플리케이션	앱	검색하다	연결하다
설치하다	활용하다	입력하다	접속하다
공유하다	조작하다	프린터	공중전화 부스
충전기	리모컨	화면	
태블릿 PC	운영되다	서빙	인건비
주방	조리하다	기기	장치
예측하다	날아다니다		

2

무인화	자동화	절감	제약
신속화	정보 격차	디지털 치매	개인 정보 유출
중독성	가짜 정보	사생활 침해	출산율
손목	붕대를 감다	유용하다	인원
꽉	차다	글을 올리다	악성 댓글이 달리다
사소하다	일자리	빼앗다	다운로드를 받다
깔다	오디오 북	음원 사이트	SNS(사회 관계망 서비스)
바람직하다			

의견을 나누다	안부	주고받다	댓글을 달다
인맥을 쌓다	상처를 받다	대책	곤란하다
강화하다	차근차근	의료용	대표
이야기를 나누다	보조	상태	분석하다
치료법	제공하다	스스로	자율 주행 자동차
다가오다	첨단 센서	안전거리	갑작스럽다
대비하다	갖추다	소비자	
대면 면접	인공 지능 면접	필수 요소	자리를 잡다
도입하다	효율성	객관성	자원
일일이	반면에	댓글을 달다	지적되다
취향	데이터	성장	가능성
거부감	긴장감	공정하다	공존하다
판단하다	인성	잠재력	비리

8과 한국의 전통 명절

1	설	음력	정월 대보름	단오
	추석	세배를 하다/드리다	차례를 지내다	설빔을 입다
	성묘를 하다	씨름을 하다	떡국을 먹다	송편을 빚다
	부럼을 깨물다	달맞이를 하다	그네를 타다	소원을 빌다
	친척 집			
	한가하다	밀리다	환전하다	변경하다
	청첩장	치타	귀성객	웃어른
	나이를 먹다	풍습	복을 받다	인사말
	풍성하다	한가위	평안	가득하다
	새해	장수	재물	복
	편을 나누다	던지다	도	개
	걸	윷	모	조상을 모시다
	말판			

2	복을 빌다	복을 받다	복이 나가다	복을 타고나다
	점을 보다	미신을 믿다	다리를 떨다	점쟁이
	언젠가	유교적	조상 숭배 사상	남아 선호 사상
	가부장 제도	차례상	차리다	절을 하다
	풍습을 지키다	사라지다		
	보통 일이 아니다	정성껏	담다	상에 올리다
	공경하다	간소하다	가사	분담
	반드시	민간 신앙	섣달 그믐날	하얘지다
	머리를 감다	빗자루	피부병	

3	매진되다	강릉 단오제	핵가족	정성을 다하다
	농기구	마당	떠올리다	방식
	비율	증가하다	성인 남녀	대상
	실시하다	나물	팽팽하다	젊은 층
	달집태우기	쥐불놀이	다리밟기	오곡밥
	민속놀이	여기다	너나 할 것 없이	호두
	잣	밤	땅콩	부럼
	까다	부스럼	막다	귀신
	귀밝이술	귀가 밝다	더위팔기	피하다
	연날리기	달맞이	묵다	성분

1	역사	인물	시대	고대
	중세	근대	현대	기원전
	기원후	세기	고조선	삼국
	고려	역사를 빛내다	업적을 남기다	나라를 세우다
	나라를 지키다	공을 세우다	힘쓰다	발명하다
	국립묘지	전쟁	전구	의원
	편찬하다	연구		
	수다를 떨다	침해받다	창제하다	훌륭하다
	장군	떨어지다	과학자	소재
	꽤	고구려	건국하다	단골
	의녀	사극	흥미를 갖다	최초
	임금	화폐	시인	중기
	화가	학자	정치가	벼슬을 지내다
	학문	양성	시절	초기
	발전시키다	유능하다	마음껏	백성
	벼슬을 지내다	학문	양성	시절
	글자	천문	농업	의학
	관측하다	강우량	재다	

2	위인	교육자	철학가	종교인
	문학가	예술가	건축가	기업가
	지혜롭다	용감하다	끈기가 있다	소신을 지키다
	고난을 극복하다	도전 정신이 있다	훈련	견디다
	글재주	작가	시도하다	옳다

2			
검사	예고편	기념관	동상
생가	짓다	진급하다	무시당하다
가난하다	작곡가	작품	열정
남다르다	수녀	본보기가 되다	눈길을 끌다
엉망이다	명필	일화	자라다
나르다	하녀	당황하다	쪼다

3			
도로명	호를 따다	실생활	통일하다
천재적	야단을 맞다	의외	설계도
평가를 받다	독립운동을 하다	폭력을 쓰다	신분
재능을 발휘하다	기회를 가지다	인정하다	권위
노벨상	의학상	수상	관심을 모으다
노벨평화상	수상자	설립되다	다이너마이트
인류	복지	유언을 남기다	자화상
장애를 갖다	의지	받아들이다	만세
세상을 떠나다			
롤 모델	크리에이터	시이오(CEO)	의학자
제작하다	주목을 받다	선보이다	성공을 거두다
매회	감독상	수상하다	수출되다
창의력	연출하다	독창적	캐릭터
등장하다	뻔하다	스토리	전개되다
기획하다	끊임없다	안주하다	협업
호흡을 맞추다	접하다	구체적	

10과 소비와 절약

1

식비	주거비	통신비	교통비
문화생활비	의류 구입비	공과금	자기 계발비
티켓값	식료비	과소비	충동구매를 하다
결제하다	알뜰 구매	계획적	소비하다
지불하다			
검소하다	성능이 좋다	시중	쇼핑몰
쓸모없다	잔뜩	더구나	귀가 얇다
품목	과소비 지수	적정 소비	알뜰 소비
지출하다	아깝다	사교비	

2

가계부를 쓰다	저축하다	적금을 들다	적금을 타다
공동 구매를 하다	대여하다	중고품	사고팔다
물물 교환	지역 사이트	절약하다	손이 크다/작다
씀씀이가 크다/작다	낭비하다	사치스럽다	
잠이 들다	초인종	돼지 저금통	티끌 모아 태산
근검절약하다	빠듯하다	절제하다	거래하다

<table>
<tr><td rowspan="2">3</td><td>건조하다</td><td>가습기</td><td>카드값</td><td>돈이 나가다</td></tr>
<tr><td>체크 카드</td><td>상관없다</td><td>심리적</td><td>만족감</td></tr>
<tr><td></td><td>여유가 있다</td><td>투자하다</td><td>유형</td><td>통계청</td></tr>
<tr><td></td><td>달하다</td><td>차지하다</td><td>인테리어</td><td>비교적</td></tr>
<tr><td></td><td>신중하다</td><td></td><td></td><td></td></tr>
<tr><td></td><td>구두쇠</td><td>머슴</td><td>새경</td><td>영감</td></tr>
<tr><td></td><td>핑계를 대다</td><td>벼를 심다</td><td>건장하다</td><td>청년</td></tr>
<tr><td></td><td>대가</td><td>곡식</td><td>배</td><td>흔쾌히</td></tr>
<tr><td></td><td>승낙하다</td><td>복덩이</td><td>엄청나다</td><td>숫자</td></tr>
<tr><td></td><td>창고</td><td>몽땅</td><td></td><td></td></tr>
</table>

1				
	범죄	사건	무관심	이기주의
	유해 환경	유해 매체	물질 만능주의	강도
	살인	폭행	사기	절도
	빼앗기다	악영향을 끼치다	금품	훔치다
	수사를 하다	범행을 저지르다	사건이 일어나다	신고를 하다
	범죄가 발생하다	범인을 검거하다	주택가	목격자
	범인을 잡다	현장		
	범죄율	정차하다	장난꾸러기	빈집
	과학 수사	보이스 피싱	설마	심각하다
	사칭하다	강력범	절도범	폭력범
	목격자	보도하다		

2				
	재난	재해	부주의	안전 불감증
	기상 이변	지진	태풍	홍수
	자연재해	인적 재난	교통사고	화재 사고
	안전사고	흔들리다	탁자	몸을 피하다
	별다르다	사고가 나다	탈출하다	구조하다
	사망하다	대피하다	복구하다	부상을 당하다
	파괴되다	힘을 모으다	인명 피해	
	경제난	교통 체증	추돌 사고	성인병
	신호 위반	부딪히다	지나치다	금융 사기
	갇히다	마비되다	빙판길	깁스를 하다
	요청하다	지시	따르다	의식이 있다
	체온	덮다	구급차	

층간 소음	사소하다	분노	가로등
시시 티브이(CCTV)	감시 카메라	안심하다	개선
발생률	산불	산림	타다
안타깝다	비상 호출 버튼	대응하다	공사
노동자	숨지다	지붕	안전모
강도가 들다	선정되다	판사	재판
또래	압박	훔치다	금지되다
애정을 받다	대책을 마련하다	계도	
착착	늑장	대응	분통
의인	오피스텔	홀로	뛰어들다
의식을 잃다	희생하다	보답하다	수여되다
인근	연기가 나다	인기척	맨손
강제로	애를 쓰다	유독 가스	출동하다
화상을 입다	생명	지장이 없다	이송되다
위대하다	불길	자랑스럽다	쑥스럽다
상금	의사	복지재단	숨을 거두다
육하원칙	생명을 구하다		

1

환경 오염	수질 오염	대기 오염	토양 오염
공해	소음 공해	전파 공해	빛 공해
매연	미세 먼지	농약	쓰레기 매립
폐유	폐수	숨쉬기	썩다
떼죽음을 당하다	황사	플라스틱	
늑장을 부리다	일회용	용기	덮이다
의식	빈털터리	연기하다	지수
재난 문자 메시지	수준	자제하다	줄어들다
배기가스	수돗물	스모그	차량
악취	자연 보호	표어	

2

쓰레기 분리배출	아나바다 운동	쓰레기 종량제 봉투	환경 보호 단체
그린벨트	골프장	건설하다	녹지대
도시 외곽	재활용 쓰레기	일반 쓰레기	차량 5부제
동참하다	세제	장바구니	운동을 벌이다
친환경 농산물	재배하다		
비다	돌려주다	반반	생수병
조조 영화	중형차	소형차	음식물 쓰레기
헷갈리다	뼈	껍데기	구분하다
분류하다	실천하다	비닐	코팅되다
겉표지	뚜껑	제거하다	색깔별
말리다	이물질	껍질	베개
샴푸	통	건전지	아이스 팩
쓰레기봉투	따로	폐건전지	케이스
흘려보내다			

3			
차량 2부제	절반	하천	오염되다
여름철	물놀이	쓰레기 매립지	양심이 없다
펴다	친환경	식용유	예방하다
가성 소다	산업통상자원부	이상 기후	초미세 먼지
전기 차	수소 차	이산화탄소	기록하다
그루	전환하다	이롭다	
자원	고형화	미생물	발효시키다
냉난방	연료	페트병	열분해
밝히다	불에 태우다	매립하다	재사용하다
체계	자원화	최소화	생활화
캔	재질	표시	방안
실현하다	개개인		

문법 설명

7과 스마트 시대

1. –다시피

| 의미와 용법 | 듣는 사람이 이미 지각하여 알고 있는 것과 같음을 나타내거나 '–다시피 (하다)'의 형태로 쓰여 실제로 어떤 동작을 하는 것은 아니지만 그와 동작이 거의 유사함을 나타낼 때 사용하는 표현이다. |

형태

동사 뒤에 붙여 쓴다.

동사	받침 ○	–다시피	듣다	듣다시피
	받침 X		느끼다	느끼다시피
	ㄹ 받침		알다	알다시피

예문

- 가: 은영 씨가 수업 시간에 왜 나간 거예요?
  나: 몰라요. 갑자기 거의 뛰다시피 하면서 나갔어요.
- 아시다시피 계속 되는 가뭄으로 농산물 생산량이 줄고 있습니다.
- 텔레비전을 매일 보다시피 하면서 방학을 보내고 있다.

2. –기엔 –지 않아요?

| 의미와 용법 | 앞에 오는 말을 기준으로 생각했을 때 뒤에 오는 말과 같은 상황이 됨을 나타낼 때 사용하는 표현이다. |

형태

'–기엔'에는 동사, '–지 않아요?'에는 형용사를 붙여 쓴다.

동사	받침 ○	–기엔	듣다	듣기엔
	받침 X		사다	사기엔
	ㄹ 받침		알다	알기엔

형용사	받침 ○	–지 않아요?	넓다	넓지 않아요?
	받침 X		아프다	아프지 않아요?
	ㄹ 받침		힘들다	힘들지 않아요?

예문

- 가: 선생님께 여쭤보고 싶은 게 있는데 지금 전화해도 될까요?
  나: 밤 11시가 다 됐는데 지금 전화하기엔 너무 늦지 않아요?
- 내일까지 과제를 완성하기엔 과제가 너무 많은 것 같다.
- 이 정도면 세 사람이 먹기엔 부족하지 않을까요?

3. -았/었더니

의미와 용법	과거의 사실이나 상황이 뒤에 오는 말의 원인이나 이유가 됨을 나타내거나 과거의 사실이나 상황과 다른 새로운 사실이나 상황이 있음을 나타낼 때 사용하는 표현이다.
형태	동사 뒤에 붙여 쓴다.

동사	ㅏ, ㅗ 모음	-았더니	사다	샀더니
	ㅏ, ㅗ 이외 모음	-었더니	먹다	먹었더니
	하다	-했더니	말하다	말했더니

예문

- 가: 갑자기 왜 우산을 찾아?

  나: 날씨가 좋은 줄 알았더니 구름이 많아.

- 저렴한 걸 샀더니 품질이 마음에 들지 않는다.

- 집에 왔더니 편지가 하나 와 있었다.

4. -(으)ㄹ 수도 있다

의미와 용법	어떤 상황이나 일이 일어날 가능성이 있음을 나타낼 때 사용하는 표현이다.
형태	동사, 형용사, 명사 뒤에 붙여 쓴다.

동사	-(으)ㄹ 수도 있다	받침 ○	-을 수도 있다	읽다	읽을 수도 있다
		받침 X	-ㄹ 수도 있다	배우다	배울 수도 있다
		ㄹ 받침		놀다	놀 수도 있다
	-았/었을 수도 있다	ㅏ, ㅗ 모음	-았을 수도 있다	받다	받았을 수도 있다
		ㅏ, ㅗ 이외 모음	-었을 수도 있다	쉬다	쉬었을 수도 있다
		하다	-했을 수도 있다	말하다	말했을 수도 있다
형용사	-(으)ㄹ 수도 있다	받침 ○	-을 수도 있다	많다	많을 수도 있다
		받침 X	-ㄹ 수도 있다	아프다	아플 수도 있다
		ㄹ 받침		힘들다	힘들 수도 있다
	-았/었을 수도 있다	ㅏ, ㅗ 모음	-았을 수도 있다	같다	같았을 수도 있다
		ㅏ, ㅗ 이외 모음	-었을 수도 있다	넓다	넓었을 수도 있다
		하다	-했을 수도 있다	유명하다	유명했을 수도 있다
명사	일 수도 있다	받침 ○	일 수도 있다	선물	선물일 수도 있다
		받침 X		커피	커피일 수도 있다
	이었/였을 수도 있다	받침 ○	이었을 수도 있다	마음	마음이었을 수도 있다
		받침 X	였을 수도 있다	친구	친구였을 수도 있다

예문

- 가: 내일 바빠서 제니 씨 생일 파티에 못 갈 것 같아요.

  나: 제니 씨가 섭섭하게 생각할 수도 있으니까 늦더라도 꼭 오세요.

- 시험 기간이라서 도서관에 사람이 많을 수도 있다.

- 한국 사람일 수도 있으니까 먼저 한국말로 이야기해 보세요.

1. –(으)랴 –(으)랴

| **의미와 용법** | '여러 가지 일을 하느라 애씀'의 뜻을 나타낼 때 사용하는 표현이다. |

형태   동사 뒤에 붙여 쓴다.

동사	받침 ○	–으랴	먹다	먹으랴
	받침 X	–랴	사다	사랴
	ㄹ 받침		만들다	만들랴

예문

- 가: 한국어 공부하기가 많이 힘들지요?

  나: 네. 수업 들으랴 발표 준비하랴 너무 힘들어요.

- 새 학기가 시작돼서 교실을 찾으랴 교과서를 새로 사랴 바빴다.

- 이사를 한 후 짐 정리하랴 생활용품을 새로 사랴 정신이 없다.

2. 얼마나 –(으)ㄴ/는지 모르다

의미와 용법   행위나 상태가 '매우 그렇다'라는 의미를 반어적으로 나타낼 때 사용하는 표현이다.

형태   동사나 형용사, 명사 뒤에 붙여 쓴다.

동사	얼마나 –는지 모르다	받침 ○	–는지 모르다	읽다	읽는지 모르다
		받침 X		배우다	배우는지 모르다
		ㄹ 받침		놀다	노는지 모르다
	얼마나 –았/었는지 모르다	ㅏ, ㅗ 모음	–았는지 모르다	받다	받았는지 모르다
		ㅏ, ㅗ 이외 모음	–었는지 모르다	쉬다	쉬었는지 모르다
		하다	–했는지 모르다	말하다	말했는지 모르다
형용사	얼마나 –(으)ㄴ지 모르다	받침 ○	–은지 모르다	많다	많은지 모르다
		받침 X	–ㄴ지 모르다	아프다	아픈지 모르다
		ㄹ 받침		멀다	먼지 모르다
	얼마나 –았/었는지 모르다	ㅏ, ㅗ 모음	–았는지 모르다	같다	같았는지 모르다
		ㅏ, ㅗ 이외 모음	–었는지 모르다	넓다	넓었는지 모르다
		하다	–했는지 모르다	유명하다	유명했는지 모르다
명사	얼마나 인지 모르다	받침 ○	인지 모르다	바보	바보인지 모르다
		받침 X		부자	부자인지 모르다
	얼마나 이었/였는지 모르다	받침 ○	이었는지 모르다	바보	바보였는지 모르다
		받침 X	였는지 모르다	부자	부자였는지 모르다

예문	• 가: 요즘 벚꽃이 정말 예쁘게 피었죠?
	나: 네. 봄철에는 벚꽃이 얼마나 예쁜지 몰라요.
	• 그 사람은 얼마나 부자인지 모른다.
	• 어제는 피곤해서 얼마나 잠을 많이 잤는지 모른다.

3. -아/어 봤자

의미와 용법	앞의 말이 나타내는 행동이나 상태가 이루어진다고 해도 소용없음을 나타낼 때 사용하는 표현이다.

형태

주로 동사 뒤에 붙여 쓴다.

동사	ㅏ, ㅗ 모음	-아 봤자	사다	사 봤자
	ㅏ, ㅗ 이외 모음	-어 봤자	먹다	먹어 봤자
	하다	-해 봤자	말하다	말해 봤자

예문

• 가: 오늘 학교 축제에 인기 가수가 많이 온다고 하는데 같이 가 볼래요?
　나: 사람들이 너무 많아서 가 봤자 얼굴 보기도 힘들 거예요.
• 날씨가 너무 더워서 선풍기를 켜 봤자 별로 시원하지 않다.
• 그 아이는 어머니가 잔소리를 해 봤자 듣지 않는다.

4. -느니 차라리

의미와 용법	앞의 행위나 상황보다 뒤의 것이 나음을 나타낼 때 사용하는 표현이다.

형태

동사 뒤에 붙여 쓴다.

동사	받침 ○	-느니 차라리	읽다	읽느니 차라리
	받침 X		가다	가느니 차라리
	ㄹ 받침		만들다	만드느니 차라리

예문

• 가: 평일에는 야근하고 주말에도 일하는데 월급이 너무 적어요.
　나: 그렇게 힘들게 일하느니 차라리 다른 직장을 찾아보세요.
• 이렇게 길이 막히는데 택시로 가느니 차라리 걷는 게 빠르겠다.
• 여러 번 말해도 말을 안 들으니까 계속 잔소리를 하느니 차라리 벽을 보고
　이야기하는 것이 낫겠다.

1. -다가 보니(까)

의미와 용법	앞에 오는 말이 나타내는 행동을 하는 과정에서 뒤에 오는 말이 나타내는 사실을 새로 깨닫게 됨을 나타내는 표현이다.

형태　동사 뒤에 붙여 쓴다.

동사	받침 ○	-다가 보니(까)	먹다	먹다가 보니(까)
	받침 X		만나다	만나다가 보니(까)
	ㄹ 받침		살다	살다가 보니(까)

예문

- 가: 어제 왜 그렇게 집에 늦게 들어왔어?

  나: 친구들하고 놀다가 보니 12시가 지나 있었어.

- 길을 걷다가 보니까 바다가 나왔다.

- 꾸준히 연습을 하다 보니까 발음이 좋아졌다.

2. (이)야말로

의미와 용법	다른 대상과 비교하여 더욱 그렇다는 의미를 나타내는 표현이다.

형태　명사 뒤에 붙여 쓴다.

명사	받침 ○	이야말로	창덕궁	창덕궁이야말로
	받침 X	야말로	너	너야말로

예문

- 가: 김 선생님은 학문적 업적도 뛰어나지만 강의도 정말 잘하셔.

  나: 맞아. 김 선생님의 강의야말로 명강의라고 할 수 있지.

- 올 겨울이야말로 지금까지의 겨울 중 가장 추운 것 같다.

- 건강하게 생활하는 것이야말로 행복한 인생이라고 생각한다.

3. (으)로 보아서는

| **의미와 용법** | '앞 문장을 판단 기준으로 평가하면'의 뜻을 나타내는 표현이다. |

| **형태** | '(으)로 보아서는'은 명사, '-(으)ㄴ/는 것으로 보아서는'은 동사나 형용사 뒤에 붙여 쓴다. |

명사	받침 ○	으로 보아서는	표정	표정으로 보아서는
	받침 X	로 보아서는	외모	외모로 보아서는

동사	-는 것으로 보아서는	받침 ○	-는 것으로 보아서는	찾다	찾는 것으로 보아서는
		받침 X		놀라다	놀라는 것으로 보아서는
		ㄹ 받침		알다	아는 것으로 보아서는
	-(으)ㄴ 것으로 보아서는	받침 ○	-은 것으로 보아서는	입다	입은 것으로 보아서는
		받침 X	-ㄴ 것으로 보아서는	주다	준 것으로 보아서는
		ㄹ 받침		울다	운 것으로 보아서는
형용사	-(으)ㄴ 것으로 보아서는	받침 ○	-은 것으로 보아서는	작다	작은 것으로 보아서는
		받침 X	-ㄴ 것으로 보아서는	싸다	싼 것으로 보아서는
		ㄹ 받침		길다	긴 것으로 보아서는

| **예문** | • 가: 페이 씨가 노래를 잘한다고 하던데 정말일까요?
　나: 목소리가 좋은 것으로 봐서는 노래를 잘할 것 같아요.
• 제목으로 봐서는 책의 내용이 우리가 읽기에 조금 어려울 것 같다.
• 얼굴이 닮은 것으로 보아서는 두 사람은 형제인 것 같다. |

4. 은/는커녕

| **의미와 용법** | 뒤의 말과 비교하여 앞의 말을 강조하여 부정하는 뜻을 나타내는 표현이다. |

| **형태** | '은/는커녕'은 명사, '-기는커녕'은 동사나 형용사 뒤에 붙여 쓴다. |

명사	받침 ○	은커녕	아침밥	아침밥은커녕
	받침 X	는커녕	시험공부	시험공부는커녕

동사	받침 ○	-기는커녕	읽다	읽기는커녕
	받침 X		도와주다	도와주기는커녕
	ㄹ 받침		놀다	놀기는커녕
형용사	받침 ○	-기는커녕	넓다	넓기는커녕
	받침 X		바쁘다	바쁘기는커녕
	ㄹ 받침		멀다	멀기는커녕

| **예문** | • 가: 시험 잘 봤어? 장학금 받으려면 90점 이상은 받아야 되잖아.
　나: 시험이 너무 어려워서 90점은커녕 70점도 못 받을 것 같아.
• 영화가 재미있기는커녕 너무 지루해서 보다가 잠이 들었다.
• 열심히 일하는데도 일이 줄기는커녕 오히려 더 느는 것 같다. |

1. –곤 하다

의미와 용법	같은 동작을 되풀이 하거나 상황이 여러 차례 반복됨을 나타낼 때 사용하는 표현이다.

형태 동사 뒤에 붙여 쓴다.

동사	받침 ○	–곤 하다	먹다	먹곤 하다
	받침 X		만나다	만나곤 하다
	ㄹ 받침		살다	살곤 하다

예문
- 가: 스트레스가 쌓이면 어떻게 풀어요?

  나: 저는 노래방에서 큰 소리로 노래를 부르곤 해요.
- 고향이 그리울 때는 고향 음식을 만들어 먹곤 한다.
- 나는 방학만 되면 서울에 있는 고모 댁에 놀러 가곤 했다.

2. –(으)면서도

의미와 용법	앞뒤 문장의 동작이나 상태가 서로 상반되는 관계에 있는 경우에 사용하는 표현이다.

형태 동사나 형용사, 명사 뒤에 붙여 쓴다.

		받침 ○	–으면서도	읽다	읽으면서도
동사	–(으)면서도	받침 X	–면서도	배우다	배우면서도
		ㄹ 받침		놀다	놀면서도
	–았/었으면서도	ㅏ, ㅗ 모음	–았으면서도	받다	받았으면서도
		ㅏ, ㅗ 이외 모음	–었으면서도	쉬다	쉬었으면서도
		하다	–했으면서도	말하다	말했으면서도
형용사	–(으)면서도	받침 ○	–으면서도	많다	많으면서도
		받침 X	–면서도	아프다	아프면서도
		ㄹ 받침		힘들다	힘들면서도
명사	(이)면서도	받침 ○	이면서도	선물	선물이면서도
		받침 X	면서도	커피	커피면서도

예문
- 가: 이 제품은 왜 인기가 많아요?

  나: 값이 싸면서도 질이 좋거든요.
- 저 사람은 항상 모르면서도 아는 척한다.
- 우리는 가깝게 살면서도 서로 연락 한 번 안 했다.

3. -(으)려던 참이다

의미와 용법 '무엇을 하려고 하는 순간' 또는 '의도를 가지고 있던 그 순간'의 뜻을 나타낼 때 사용하는 표현이다.

형태 동사 뒤에 붙여 쓴다.

동사	받침 ○	-으려던 참이다	먹다	먹으려던 참이다
	받침 X	-려던 참이다	만나다	만나려던 참이다
	ㄹ 받침		놀다	놀려던 참이다

예문
- 가: 기숙사 방이 왜 이렇게 더러워요. 청소 좀 하세요.
  나: 안 그래도 지금 청소하려던 참이었어요.
- 지금 배가 고파서 라면을 끓이려던 참인데 같이 안 먹을래요?
- 막 잠자리에 들려던 참이었는데 갑자기 친구가 찾아왔다.

4. -기만 하면

의미와 용법 어떤 상황 또는 행동을 할 때마다 일어나는 일을 나타낼 때 사용하는 표현이다.

형태 동사 뒤에 붙여 쓴다.

동사	받침 ○	-기만 하면	먹다	먹기만 하면
	받침 X		가다	가기만 하면
	ㄹ 받침		놀다	놀기만 하면

예문
- 가: 지난번에 샀던 책은 다 읽었어요?
  나: 아니요. 그 책을 읽기만 하면 잠이 와서 아직도 다 못 읽었어요.
- 엄마는 나를 보기만 하면 공부하라는 잔소리를 하신다.
- 두 사람은 성격이 달라서 만나기만 하면 싸운다.

1. 에 따르면

의미와 용법	어떤 내용을 설명하고 판단하기 위한 기준이나 근거를 나타낼 때 사용하는 표현이다.

형태

명사 뒤에 붙여 쓴다.

명사	받침 ○	에 따르면	신문	신문에 따르면
	받침 X		뉴스	뉴스에 따르면

예문

- 가: 이번 폭행 사건은 사소한 일 때문에 발생했다면서요?

  나: 네. 뉴스에 따르면 친구 간의 작은 말다툼에서 시작되었대요.
- 외신 보도에 따르면 한국의 국가 경쟁력이 지난해보다 상승했다고 한다.
- 회사 관계자의 말에 따르면 내년에 신입 사원을 뽑지 않을 거라고 한다.

2. -(으)ㄴ/는 만큼

의미와 용법	앞에 오는 말을 인정하며 그것이 뒤에 오는 말의 원인이나 근거가 됨을 나타낼 때 사용하는 표현이다.

형태

동사나 형용사, 명사 뒤에 붙여 쓴다.

동사	-는 만큼	받침 ○	-는 만큼	먹다	먹는 만큼
		받침 X		가다	가는 만큼
		ㄹ 받침		놀다	노는 만큼
	-(으)ㄴ 만큼	받침 ○	-은 만큼	읽다	읽은 만큼
		받침 X	-ㄴ 만큼	쓰다	쓴 만큼
		ㄹ 받침		알다	안 만큼
형용사	-(으)ㄴ 만큼	받침 ○	-은 만큼	작다	작은 만큼
		받침 X	-ㄴ 만큼	기쁘다	기쁜 만큼
		ㄹ 받침		힘들다	힘든 만큼
명사	인 만큼	받침 ○	인 만큼	부자	부자인 만큼
		받침 X		학생	학생인 만큼

예문

- 가: 지금 출발하면 길이 막히겠죠?

  나: 네. 퇴근 시간인 만큼 길이 많이 막힐 것 같아요.
- 이번 여행은 혼자 가는 만큼 더 꼼꼼히 준비해야 한다.
- 우리 팀은 인원이 적은 만큼 개인이 해야 할 일이 더 많다.

3. (으)로 인해

의미와 용법 뒤 문장에 나타난 상황이나 결과의 원인이나 이유가 됨을 나타낼 때 사용하는 표현이다.

형태 명사 뒤에 붙여 쓴다.

명사	받침 ○	으로 인해	우울증	우울증으로 인해
	받침 X	로 인해	부주의	부주의로 인해
	ㄹ 받침		술	술로 인해

예문
- 가: 어제 학교 앞 도로에서 사망 사고가 일어났다면서요?

  나: 네. 음주 운전으로 인해 사망 사고가 발생했대요.
- 태풍으로 인해 비행기 출발 시간이 지연되고 있다.
- 스마트폰의 대중화로 인해 이제는 누구나 스마트 기기를 사용할 수 있다.

4. -(으)ㄹ 뻔하다

의미와 용법 앞의 말이 나타내는 일이 일어나지는 않았지만 일어나기 직전의 상태까지 갔음을 나타낼 때 사용하는 표현이다.

형태 동사 뒤에 붙여 쓴다.

동사	받침 ○	-을 뻔하다	죽다	죽을 뻔하다
	받침 X	-ㄹ 뻔하다	자다	잘 뻔하다
	ㄹ 받침		살다	살 뻔하다

예문
- 가: 내일 아홉 시에 도서관에서 모이는 거 알지?

  나: 아, 맞다. 네가 말해 주지 않았으면 잊을 뻔했어.
- 지하철을 타지 않았으면 약속 시간에 늦을 뻔했다.
- 그는 큰 부상을 입고 선수 생명을 거의 잃을 뻔했다.

1. –다가는

| 의미와 용법 | 어떤 행위를 계속하면 뒤에 부정적인 결과가 생기게 될 것임을 경계할 때 사용하는 표현이다. |

형태

동사 뒤에 붙여 쓴다.

동사	받침 ○	–다가는	읽다	읽다가는
	받침 X		가다	가다가는
	ㄹ 받침		만들다	만들다가는

예문

- 가: 요즘 일이 많아서 잠을 많이 못 자요.

  나: 그렇게 잠을 안 자다가는 건강이 나빠질 거예요.
- 이렇게 초콜릿을 많이 먹다가는 충치가 생길 것이다.
- 술을 그렇게 많이 마시다가는 병원에 입원하게 될 것이다.

2. –(으)ㄹ 게 뻔하다

| 의미와 용법 | 어떤 일의 결과나 상태가 분명하게 추측됨을 나타낼 때 사용하는 표현이다. |

형태

동사나 형용사, 명사 뒤에 붙여 쓴다.

동사	–(으)ㄹ 게 뻔하다	받침 ○	–을 게 뻔하다	읽다	읽을 게 뻔하다
		받침 X	–ㄹ 게 뻔하다	배우다	배울 게 뻔하다
		ㄹ 받침		놀다	놀 게 뻔하다
	–았/었을 게 뻔하다	ㅏ, ㅗ 모음	–았을 게 뻔하다	받다	받았을 게 뻔하다
		ㅏ, ㅗ 이외 모음	–었을 게 뻔하다	쉬다	쉬었을 게 뻔하다
		하다	–했을 게 뻔하다	말하다	말했을 게 뻔하다
형용사	–(으)ㄹ 게 뻔하다	받침 ○	–을 게 뻔하다	많다	많을 게 뻔하다
		받침 X	–ㄹ 게 뻔하다	아프다	아플 게 뻔하다
		ㄹ 받침		멀다	멀 게 뻔하다
	–았/었을 게 뻔하다	ㅏ, ㅗ 모음	–았을 게 뻔하다	같다	같았을 게 뻔하다
		ㅏ, ㅗ 이외 모음	–었을 게 뻔하다	넓다	넓었을 게 뻔하다
		하다	–했을 게 뻔하다	유명하다	유명했을 게 뻔하다
명사	일 게 뻔하다	받침 ○	일 게 뻔하다	선물	선물일 게 뻔하다
		받침 X		남자	남자일 게 뻔하다
	이었/였을 게 뻔하다	받침 ○	이었을 게 뻔하다	학생	학생이었을 게 뻔하다
		받침 X	였을 게 뻔하다	친구	친구였을 게 뻔하다

예문

- 가: 저 식당 음식 맛이 어떨까요?

  나: 항상 손님이 없는 것을 보면 맛없을 게 뻔해요.
- 아침부터 이렇게 더운 걸 보니까 낮에도 무척 더울 게 뻔하다.
- 페이 씨는 오늘도 지각할 게 뻔하다.

3. -더라고요

의미와 용법	과거에 경험하여 새로 알게 된 사실에 대해 지금 상대방에게 옮겨 전할 때 사용되는 표현이다.

형태

동사나 형용사, 명사 뒤에 붙여 쓴다.

동사	-더라고요	받침 ○, 받침 X, ㄹ 받침	-더라고요	읽다	읽더라고요
	-았/었더라고요	ㅏ, ㅗ 모음	-았더라고요	받다	받았더라고요
		ㅏ, ㅗ 이외 모음	-었더라고요	쉬다	쉬었더라고요
		하다	-했더라고요	말하다	말했더라고요
형용사	-더라고요	받침 ○, 받침 X, ㄹ 받침	-더라고요	힘들다	힘들더라고요
	-았/었더라고요	ㅏ, ㅗ 모음	-았더라고요	같다	같았더라고요
		ㅏ, ㅗ 이외 모음	-었더라고요	넓다	넓었더라고요
		하다	-했더라고요	유명하다	유명했더라고요
명사	(이)더라고요	받침 ○	이더라고요	선물	선물이더라고요
		받침 X	더라고요	커피	커피더라고요
	이었/였더라고요	받침 ○	이었더라고요	학생	학생이었더라고요
		받침 X	였더라고요	친구	친구였더라고요

예문

- 가: 오랜만에 고향에 가 보니까 많이 변했죠?
  나: 네. 조용하던 마을에 새로운 건물과 가게가 많이 생겼더라고요.
- 마트에 잠깐 갔다 왔는데 오늘 날씨가 많이 춥더라고요.
- 지난번에 토픽 시험을 봤는데 모르는 단어가 많더라고요.

4. -길래

의미와 용법	뒤에 오는 말의 원인이나 근거를 나타낼 때 사용하는 표현이다.

형태

동사나 형용사, 명사 뒤에 붙여 쓴다.

동사	-길래	받침 ○, 받침 X, ㄹ 받침	-길래	먹다	먹길래
	-았/었길래	ㅏ, ㅗ 모음	-았길래	읽다	읽었길래
		ㅏ, ㅗ 이외 모음	-었길래	쓰다	썼길래
		하다	-했길래	말하다	말했길래
형용사	-길래	받침 ○, 받침 X, ㄹ 받침	-길래	크다	크길래
명사	(이)길래	받침 ○	길래	부자	부자길래
		받침 X	이길래	학생	학생이길래

예문

- 가: 이렇게 늦은 시간에 라면을 먹어요?
  나: 배가 고프길래 라면을 끓였어요.
- 아침부터 날씨가 흐리길래 우산을 챙겨 나왔다.
- 아버지께서 너무 깊게 주무시길래 안 깨웠다.

7과　스마트 시대

듣기 지문

1  

1) 남자: 취업 정보를 얻으려고 취업 사이트에 날마다 들어가다시피 하는데 정보가 다양하지 않은 것 같아요.

　　여자: 그럼 SNS를 활용해 보지 그래요? 취업 정보도 공유하고 인맥도 쌓을 수 있어서 도움이 될 거예요. 이력서를 올려놓으면 직원을 채용하려는 회사에서 먼저 연락이 오기도 해요.

2) 여자: (갑자기 생각난 듯) 여보, 아까 급하게 준비하느라 깜빡하고 가스 불을 안 끄고 나온 것 같아. 집에 가서 확인 좀 해 봐야겠어.

　　남자: 집에 갔다 오기엔 시간이 안될 것 같아. 스마트폰으로 확인하면 되니까 잠깐 기다려 봐. (잠시 후) 앱을 보니까 가스 밸브가 잠겨 있다고 나오네.

3) 남자: 저는 요즘 스마트폰 사용 시간을 줄이려고 노력 중이에요. 방학이라 집에 누워서 하루 종일 스마트폰만 했더니 목과 어깨가 너무 아파서요.

　　여자: 잘 생각했어요. 잘못된 자세로 스마트폰을 오래 사용하면 그런 통증이 생길 뿐만 아니라 정신 건강에도 문제가 생길 수 있대요.

4) 여자: 요즘은 연예 기사나 스포츠 기사에 댓글을 달 수 없게 돼서 불편한 것 같아. 댓글로 사람들의 생각도 알 수 있고 재미도 있었는데.

　　남자: 악성 댓글 때문에 스스로 목숨을 끊거나 우울증에 걸린 사람들을 생각하면 잘한 것 같은데. 장난으로 올린 댓글에 누군가는 큰 상처를 받을 수도 있잖아.

2 

남자: 여기도 키오스크로 주문해야 하네요. 요즘은 키오스크를 사용하지 않는 가게가 거의 없다시피 한 것 같아요. 그런데 가게마다 키오스크 사용법이 다른 경우가 있어서 헷갈릴 때가 많아요.

여자: 맞아요. 우리 같은 젊은 사람들도 어려운데 할머니, 할아버지들이 사용하기엔 정말 불편할 것 같아요.

남자: 네. 지난번에 학교 앞에 있는 식당에 갔을 때 한 노인분이 키오스크로 주문을 못 하고 계셔서 제가 도와 드린 적이 있는데, 뭔가 대책이 필요한 것 같아요.

여자: 그렇다고 키오스크 설치를 막을 수는 없잖아요.

남자: 물론 그렇죠. 대신에 노인들을 위한 디지털 교육을 강화할 필요가 있는 것 같아요. 요즘은 음식을 주문할 때뿐만 아니라 은행 업무도 디지털 기기를 사용해서 하는 경우가 많잖아요. 스마트 기기에 익숙하지 않은 노인들을 위해 정부에서 교육을 실시한다면 지금보다 불편이 줄어들지 않을까요?

여자: 좋은 생각이네요. 저도 얼마 전에 할머니께 스마트폰 사용법을 알려 드렸더니 할머니께서 생각보다 스마트폰을 잘 이용하세요. 차근차근 교육을 하다 보면 누구나 디지털 기기에 익숙해질 거라고 생각해요.

3 

남자: 아시다시피 사회 여러 분야에서 로봇이 다양하게 쓰이고 있는데요. 의료 현장에서도 로봇이 주목을 받고 있다고 합니다. 그래서 오늘은 의료용 로봇 회사의 대표님을 모시고 이야기 나누어 보겠습니다. 대표님, 현재 의료용 로봇 개발은 어디까지 발전됐나요?

여자: 많은 분들이 잘 모르실 수도 있겠지만 이미 병원에서 다양한 로봇이 활용되고 있습니다. 의사나 환자 모두 의료용 로봇을 사용해 봤더니 생각보다 안전

하고 편리하다는 의견도 많고요.

남자: 그렇다면 현재 병원에서 쓰이는 로봇들은 주로 어떤 역할을 하고 있지요?

여자: 아직은 의사나 간호사의 보조 역할을 주로 담당하고 있는데요. 환자를 옮기거나 환자에게 약을 전달하고 환자 상태를 확인하는 정도입니다.

남자: 앞으로 기술이 더 발전하면 로봇이 의사들처럼 환자를 직접 치료할 수도 있겠죠?

여자: 네. 지금도 수술이 가능한 로봇이 있지만 앞으로 인공 지능 기술이 더욱 발전된다면 로봇이 환자의 상태를 분석하고 가장 적합한 치료법을 찾아내는 역할까지 할 수 있을 거라고 생각합니다. 이를 통해 환자들에게 보다 좋은 의료 서비스를 제공할 수 있게 될 것입니다.

4 

남자: 운전자가 직접 운전하지 않아도 스스로 움직이는 자율 주행 자동차의 시대가 다가오고 있습니다. 아시다시피 자율 주행 자동차는 첨단 센서와 카메라를 사용하여 우리를 목적지까지 안전하게 데려다줍니다. 신호등과 교통 표지판에 따라 속도를 조절하고 앞차와의 안전거리도 유지합니다. 또한 갑작스러운 사고에 대비하여 안전하게 차를 멈추기도 합니다. 스마트 워치로 자동차를 부르면 운전자가 있는 곳까지 차가 스스로 달려와 문을 열어 주는 기능도 갖추고 있지요. 이처럼 기술이 놀랄 만큼 발전되고 있지만 자율 주행 자동차가 안전하지 않다고 말하는 사람들도 많습니다. 자율 주행 자동차를 믿고 타기엔 아직 이르다고 생각하는 것이죠. 하지만 자율 주행 자동차가 안전하다고 믿는 소비자들은 매년 많아지고 있습니다. 자율 주행 자동차의 안전성에 대해 조사를 해 봤더니 자율 주행 자동차가 안전하다고 생각하는 사람은 2017년에는 19%밖에 되지 않았지만, 2018년에는 46%로 증가하였

습니다. 2019년에는 전체의 절반이 넘는 51%가 자율 주행 자동차가 안전하다고 응답했습니다. 특히 젊은 세대일수록 안전성에 대한 믿음이 크기 때문에 앞으로 자율 주행 자동차 시장은 더욱 커질 것으로 예상됩니다.

듣기 모범 답안

1 1) X 2) X 3) ○ 4) ○

2 **1** ①
2 노인들을 위해 디지털 교육을 강화할 필요가 있다.

3 **1** ③
2 인공 지능 기술이 더 발전되어야 한다.

4 **1** ④
2 ㉠ 19% ㉡ 46% ㉢ 51%
3 젊은 세대일수록 자율 주행 자동차의 안전성에 대한 믿음이 크기 때문이다.

읽기 모범 답안

3 **1** 1) ○ 2) ○ 3) ○ 4) X
2 채용 비리가 발생하거나 면접관의 취향이나 기분에 따라 면접 결과가 달라질 수 있다.

듣기 지문

1 

1) 남자: 다음 주가 벌써 추석인데 고향에 갈 기차표는 구했어요? 저는 표가 매진돼서 못 사는 바람에 제가 운전해서 가야 되는데 길이 많이 막힐 것 같아서 걱정이에요.

   여자: 저도 작년에 고향에 갈 때는 길이 막혀서 고생을 했는데 올해는 기차표를 구할 수 있어서 얼마나 다행인지 몰라요.

2) 여자: 한국에서는 단오 때 뭘 해요? 설날이나 추석에는 음식 준비하랴 친척 집 방문하랴 바쁘게 지내는 것 같은데….

   남자: 단오는 그해의 농사가 잘되기를 기원하는 명절인데 옛날에는 보통 여자들은 그네를 타고, 남자들은 씨름을 했어요. 요즘은 단오를 명절보다는 축제로 생각하는데 대표적인 것이 강릉 단오제예요.

3) 남자: 설 연휴에 고향에 잘 다녀왔어요? 저는 비행기 표가 너무 비싸서 고향에 가는 걸 포기하고 한국에 있었어요.

   여자: 저는 고속버스를 타고 갔는데 폭설이 내려서 평소보다 네 시간이나 더 걸렸어요. 내년 명절에는 그렇게 힘들게 고향에 가느니 차라리 집에서 드라마나 볼래요.

4) 여자: 이번 명절에는 관광지마다 예약이 꽉 찼대요. 저도 친구들과 여행을 가려고 했는데 호텔을 검색해 봤자 방이 없을 것 같아서 포기했어요. 요즘 한국 사람들은 차례를 안 지내나 봐요.

   남자: 아침에 일찍 차례를 지내고 여행을 가는 거예요. 한국은 아직도 조상을 모시는 사람들이 더 많거든요.

2 

남자: 은영 씨 집에서는 추석에 송편을 만드나요? 요즘은 핵가족이 많아져서 가족도 적고 또 다 모이기도 힘드니까 사서 먹는 집이 많다고 들었는데….

여자: 사실 제 친구들 중에도 그런 집이 많긴 하지만 저희 집에서는 직접 송편을 빚어요. 할머니께서는 명절 음식을 사서 차례를 지내느니 안 지내는 것이 더 낫다고 생각하시거든요.

남자: 명절 음식이 한두 가지가 아닐 텐데 그 많은 것을 다 준비하려면 힘들지 않아요?

여자: 그래서 저희 어머니께서는 일주일 전부터 명절 준비를 하시는데 전날에는 여러 가지 전 부치랴 송편 만들랴 하루 종일 얼마나 바쁘신지 몰라요.

남자: 근데 송편을 예쁘게 만들면 예쁜 딸을 낳는다고 들었는데 정말 그런가요?

여자: 정말로 예쁜 딸을 예쁘게 낳는 것은 아니고 송편을 빚을 때 정성을 다하라는 의미예요.

3 

여자: 소명 씨, 이번 추석에 뭐 할 거예요? 연휴에는 밖에 나가 봤자 문 닫는 곳이 많아서 심심할 것 같은데 남산 추석민속한마당에 참가해 보세요. 연휴 기간 동안 민속 씨름 체험, 농기구 체험 등 다양한 체험 행사가 열린대요.

남자: 그거 재미있겠네요. 남산한옥마을에 가서 전통 가옥을 보고 싶었는데요.

여자: 이번 추석에는 한옥 마당에서 조상들의 농사 짓는 모습도 보여 주고 연기자들의 공연도 보여 준다고 하니까 볼거리가 많을 거예요.

남자: 저 같은 외국인들에게는 한국인들의 전통적인 명절 모습을 직접 볼 수 있는 기회가 되겠네요.

여자: 그럼요. 그리고 한국의 할머니, 할아버지한테는 옛날 추억을 떠올릴 수 있는 행사가 될 것 같아요. 저도 할머니를 모시고 가려고 하는데 할머니가 벌써

부터 얼마나 좋아하시는지 몰라요.

남자: 저도 이번 추석 연휴에 꼭 가 봐야겠어요.

4 

여자: '명절 차례를 지내지 않는다'는 비율이 매년 증가하고 있는데요. 저희 한국사회연구소에서 한국 성인 남녀 만 3,715명을 대상으로 설문 조사를 실시한 결과 응답자의 39%는 차례를 지내지 않는다고 답했습니다. 차례를 지낸다고 응답한 사람들 중에도 20%는 '앞으로 차례를 지내지 않을 것'이라고 답해 명절에 차례를 지내지 않는 가정은 더욱 늘어날 것으로 보입니다. 하지만 차례 문화를 이어 가야 하는 문제에 대해 세대 간 의견 차이가 큰 것으로 나타나고 있습니다. 저희가 인터뷰한 60대의 경우, 요즘 명절 차례 음식이 많이 간소해지면서 과거처럼 여러 가지 나물 준비하랴 고기와 생선 준비하랴 복잡하게 하지는 않으니까 차례라는 전통은 지켜졌으면 좋겠다는 의견이 많았습니다. 젊은 세대가 명절의 차례 문화를 이어 갔으면 좋겠다는 것이죠. 반면 30대들은 차례 문화를 이어 갈 필요가 없다는 의견이 많았습니다. 명절 음식을 준비해 봤자 잘 먹지도 않는데 힘들게 차례 상을 준비할 필요는 없다는 것이죠. 20대 젊은 층에서도 전통을 이어 가야 한다는 의견과 명절 차례는 필요 없다는 의견이 팽팽하게 나타났습니다. 하지만 결국은 전통 차례 문화를 이어 가기 위해서는 젊은 층의 의지와 노력이 필요하다고 보는데 앞으로 어떻게 변화될지는 지켜봐야 하겠습니다.

1 　1) X　　2) ○　　3) X　　4) X

2 　**1** ①

　　2 송편을 정성껏 만들라는 의미가 들어 있다.

3 　**1** ①

　　2 ㉠ 옛날의 추억을 떠올릴 수 있다.

　　　ⓒ 한국인들의 전통 명절 모습을 직접 볼 수 있다.

4 　**1** ③

　　2 전통 차례 문화 유지 의견과 반대 의견이 비슷하게 나타났다.

　　3 젊은 층의 의지와 노력

3 　**1** 　1) ○　　2) ○　　3) X　　4) X

　　2 ㉠ 부럼 까기

　　　ⓒ 귀밝이술 마시기

　　　ⓒ 더위팔기

듣기 지문

1 

1) 남자: 버스를 타고 가다 보니까 '다산로'라는 도로명이 있던데 혹시 '다산 정약용'을 말하는 거야?

   여자: 응. 한국의 도로명 중에는 세종로나 충무로처럼 유명한 역사 인물의 호를 따서 만든 것들이 많아. 정약용은 실생활에 유용한 학문을 중시한 학자였기 때문에 '다산콜센터'도 그분의 호를 따서 만들었어.

2) 여자: 오늘 한국의 역사에 대해 조금 배웠는데 신라가 삼국을 통일하는 데 큰 업적을 남긴 사람은 누구인가요?

   남자: 김유신이야말로 신라가 삼국을 통일하는 데에 가장 크게 기여한 장군이라고 할 수 있죠.

3) 남자: 가우디는 천재적인 건축가로 알려져 있지만 학교에 다닐 때는 선생님들께 자주 야단을 맞았다고 해요. 어렸을 때부터 아주 뛰어났을 거라고 생각했는데 좀 의외였어요.

   여자: 뛰어나기는커녕 공부를 못해서 졸업하기도 힘들었다고 해요. 선생님들이 과제를 주면 항상 이상한 건축 설계도를 그려 왔기 때문인데, 사실 남들보다 상상력이 뛰어나서 전에는 볼 수 없었던 새로운 시도를 한 것이죠.

4) 여자: 인도는 모든 화폐에 간디가 그려져 있다고 들었어요. 화폐마다 간디를 넣은 걸로 봐서는 간디는 인도 사람들에게 아주 특별한 인물인가 봐요.

   남자: 그럼요. 간디는 평생 동안 인도의 독립을 위해서 노력했기 때문에 '인도의 아버지'라고 불리는 분이에요. 독립운동을 하면서도 절대 폭력을 쓰지 않았는데, 그런 그의 정신은 당시 독립운동을 하는 다른 나라에도 큰 영향을 주었어요.

2 

남자: 과거에는 신분 때문에 자신의 재능을 발휘하기는커녕 재능을 발휘할 기회조차 가질 수 없는 사람들이 많았대.

여자: 옛날에는 능력보다 신분을 더 중시했으니까 그럴 수밖에 없었겠지. 하지만 장영실처럼 자신의 신분을 극복하고 훌륭한 업적을 남긴 사람들도 있어.

남자: 장영실이라면 세종대왕 때의 유명한 발명가 말이야? 조선 시대 최고의 발명가라고 해서 나는 당연히 신분이 높을 줄 알았는데.

여자: 신분이 아주 낮아서 사람들은 모두 장영실을 무시했는데 세종대왕은 장영실의 능력을 인정하고 높은 벼슬까지 주었어.

남자: 와, 높은 벼슬까지 내린 걸로 봐서는 정말 능력이 뛰어났나 보다. 근데 네 이야기를 듣다가 보니까 장영실이 훌륭한 발명가가 될 수 있었던 건 신분보다 능력을 중시했던 세종대왕 덕분이라는 생각도 들어. 아, 근데 장영실이 발명한 발명품에는 어떤 것들이 있어?

여자: 많이 있지만 '자격루'라는 물시계야말로 가장 대표적인 발명품이라고 할 수 있지. 자격루 덕분에 당시 사람들은 시간을 정확하게 알 수 있었대.

3

여자: 다음 뉴스입니다. 세계에서 가장 권위 있는 상으로 알려진 노벨상 발표가 다음 달 6일부터 시작되는데요. 올해는 우리나라 박수현 박사가 의학상 수상 가능성이 높아 큰 관심을 모으고 있습니다. 김민수 기자, 이번 의학상 수상 가능할까요?

남자: 그동안의 업적으로 봐서는 충분히 가능할 것으로

보입니다. 2000년에 김대중 대통령이 노벨평화상
을 받은 후로 우리나라에 수상자가 없어 아쉬움이
크셨을 텐데요. 올해야말로 좋은 결과를 기대해 볼
수 있을 것 같습니다.

여자: 네, 그렇군요. 노벨상이 1901년에 설립되었으니
까 벌써 120년이 넘었는데요. 이렇게 오랜 역사
를 가진 노벨상은 처음에 어떻게 만들어진 건가요?

남자: 아시다시피 노벨상은 다이너마이트를 발명한 알프
레드 노벨이 만든 상입니다. 노벨은 다이너마이트
가 전쟁 등에 쓰이면서 큰돈을 벌게 되는데요. 돈
을 벌어서 행복하기는커녕 오히려 자신의 발명품
때문에 죽게 된 사람들을 생각하며 괴로워했다고
합니다. 그래서 죽을 때 자신의 돈을 인류 복지나
학문 발전에 기여한 사람들을 위해 써 달라고 유언
을 남긴 것이죠.

여자: 역사적으로도 큰 의미가 있는 상이네요. 올해는 우
리나라 박수현 박사의 수상을 기대해 보겠습니다.
김민수 기자, 수고하셨습니다.

4

여자: 지금 보고 계시는 이 그림은 20세기 멕시코의 대
표적인 여성 화가 프리다 칼로의 작품입니다. 프리
다 칼로는 자화상을 많이 그린 화가로 유명한데요.
그녀가 자화상을 많이 그렸던 이유는 무엇일까요?
사실 프리다는 대학에 다니던 1925년 큰 교통사고
로 장애를 갖게 됩니다. 그 때문에 대학 공부는커
녕 인생의 대부분을 병원에서 지내야 했지요. 병원
침대에만 누워 있다 보니까 아무것도 할 수 없었던
프리다에게 가족들은 그림 도구를 선물했고, 그때
부터 그림 그리는 일은 그녀에게 유일한 친구가 되
었습니다. 불편한 몸으로 150여 점이나 되는 그림
을 그렸던 것으로 봐서는 의지가 대단한 인물이었
을 것 같은데요. 150여 점의 작품 중 대부분은 자
신의 모습을 그린 것이었습니다. 그것은 불행한 삶

에서 도망치지 않고 자신을 그대로 받아들이려는
노력 아니었을까요? 그런데 그녀가 마지막으로 그
린 그림은 자화상이 아니었습니다. 여기 보시는 바
로 이 수박 그림이었지요. 가장 앞에 있는 수박 조
각을 자세히 보면 프리다 칼로의 이름과 함께 '인생
만세'라는 글자가 쓰여 있습니다. 프리다는 이 그림
을 그리고 8일 후에 세상을 떠났다고 하는데요. 죽
음 앞에서 그녀는 인생이 아름답다고 말하고 있습
니다. 자신의 장애를 슬픔으로만 생각하지 않았던
프리다 칼로, 이 그림이야말로 그녀를 가장 잘 표
현한다고 할 수 있겠습니다.

듣기 모범 답안

1   1) ○   2) ○   3) X   4) ○

2   **1** ④

　　2 시간을 정확하게 알 수 있게 해 주었다.

3   **1** ②   **2** ③

4   **1** ④   **2** ③

　　3 병원 침대에만 누워 있다 보니까 아무것도
　　할 수 없었기 때문에

읽기 모범 답안

3   **1** ②

　　2 ㉠ 뛰어난 창의력

　　　 ㉡ 끊임없는 도전 정신

　　　 ㉢ 협업 능력

 10과 소비와 절약

듣기 지문

1 30 ~ 33

1) 남자: 제가 요즘 사용하지 않는 노트북이 있는데 고장 난 게 아니라 버리기는 아까워서 필요한 사람이 있으면 주려고 해요.
   여자: 잘됐네요. 마침 노트북이 필요해서 하나 사려던 참이었는데 제가 쓸게요.

2) 남자: 티끌 모아 태산이라고 부자가 되려면 적은 돈부터 아껴야 한대. 그래서 나도 이제부터 가계부를 쓰려고 해. 어디에 어떻게 돈을 사용하고 있는지 알아야 돈을 절약할 수 있으니까.
   여자: 맞는 말이야. 근데 사실 돈을 아끼는 방법을 모르는 사람은 없을걸. 알고 있으면서도 실천하기가 어렵지.

3) 남자: 우리 아이는 텔레비전에서 장난감 광고를 보기만 하면 사 달라고 졸라요.
   여자: 우리 애도 마찬가지예요. 집에 비슷한 물건이 있는데도 신제품이 나오기만 하면 사 달라고 해서 속상해요. 매번 사 줄 수도 없고 어떻게 해야 할지 모르겠어요.

4) 남자: 요즘 집 안이 너무 건조해서 가습기를 알아보고 있는데 생각보다 비싸네요.
   여자: 겨울에만 잠깐 사용할 거라면 사지 말고 빌리세요. 한국에서 생활하는 외국 유학생들에게 필요한 물건을 대여해 주는 곳이 있어요. 저는 필요한 게 있으면 그곳을 이용하곤 해요.

2 34

남자: 어휴, 이번 달에도 신용 카드값이 너무 많이 나왔어요. 신용 카드를 사용하다 보니까 계획에도 없던 소비를 많이 하게 되네요. 놀이공원 입장료를 할인해 준다고 해서 만들었는데 오히려 빚만 늘겠어요.
여자: 아무래도 신용 카드가 있으면 자신도 모르게 과소비를 하기 마련이죠.
남자: 신용 카드는 지금 당장 돈이 없어도 물건을 살 수 있고 비싼 물건도 무이자 할부로 살 수 있어서 좋은데 카드 명세서를 보고 나면 내가 이렇게 많이 썼나 하고 놀라곤 해요.
여자: 신용 카드는 쓰고 난 뒤에 나중에 결제하면 되니까 현금으로 지불할 때보다 돈을 쉽게 쓰게 되지요.
남자: 맞아요. 신용 카드를 사용하면 당장 지갑에서 돈이 나가는 게 아니니까 소비를 하면서도 잘 못 느끼게 돼요.
여자: 그래서 저는 혜택을 받을 수 있는 곳에서만 신용 카드를 쓰고 나머지는 전부 체크 카드나 현금을 사용하고 있어요. 신용 카드로 결제하지 않고 현금으로 결제하면 혜택을 주는 가게도 더 많고 소비를 줄일 수 있거든요.

3 35

여자: 요즘에는 제품이 마음에 들기만 하면 가격에 상관없이 소비를 하는 사람이 늘고 있대요.
남자: 그래요? 이렇게 경제가 안 좋으면 저처럼 가격이 저렴하면서도 품질이 좋은 물건을 찾는 사람들이 더 늘 거라고 생각했는데 그렇지 않은 사람도 많은가 보네요.
여자: 네. 가격보다는 심리적인 만족감을 더 중시한대요. 생활에 필요한 소비는 아니더라도 만족감을 준다면 돈을 쓸 수도 있다고 생각하는 것이지요.
남자: 자신을 위한 소비는 경제적으로 여유가 있는 사람들만 하는 거라고 생각했는데 그렇지 않은가 보네요. 근데 이런 소비는 문제가 있는 것 같아요
여자: 그래요? 저는 현재를 즐기기 위해 돈을 쓰는 것도 괜찮은 것 같은데요. 자신의 행복에 투자하는 거

잖아요.

남자: 당장은 즐겁겠지만 자신의 마음을 만족시켜 주는 제품과 서비스를 하나씩 찾다가 보면 경제적으로 힘들어지지 않을까요? 물론 심리적인 만족감도 중요하겠지만 저는 적정 소비를 해야 한다고 봐요.

4 🎧 36

남자: 요즘 온라인으로 쇼핑하는 분들 많으시죠? 온라인은 시간과 장소에 영향을 받지 않기 때문에 충동구매를 하기가 더 쉽다고 하는데요. 소비자들의 충동구매 유형을 김진희 기자가 취재했습니다.

여자: 최근 통계청에서 실시한 온라인 충동구매 유형에 대한 조사 결과를 보면 전체 응답자 중 87%가 '제품이 필요하지 않으면서도 충동구매를 한 경험이 있다'고 응답했습니다. 온라인에서의 충동구매는 연령이 높아질수록 더욱 증가했는데요. 여기 그래프에서 보시다시피 10대 중 충동구매 경험이 있다고 응답한 비율은 57%밖에 안 됐지만 20대는 84%, 30대는 89%, 40대는 90%, 50대는 91%에 달했습니다. 소비자들의 65%가 가격 할인 혜택이 클 때 주로 충동구매를 하곤 한다고 응답했는데요, 특히 40대가 할인 혜택에 큰 영향을 받는 것으로 나타났습니다. 또 충동구매를 할 때 고민 없이 쓸 수 있는 비용으로는 '만 원 정도'가 38%로 가장 많았고, '3만 원 정도'라고 답한 경우도 31%를 차지했습니다. 또 소비자들은 주로 의류나 생활용품을 충동적으로 구매하는 것으로 나타났으며 의류의 경우 29%, 생활용품의 경우 24%로 조사되었습니다. 그러나 남녀 모두 인테리어 상품과 여행 상품은 비교적 신중하게 구매한다고 응답했습니다.

듣기 모범 답안

1   1) X   2) X   3) X   4) ○

2   **1** 놀이공원 입장료를 할인해 준다고 해서

     2 ②

3   **1** 제품이 마음에 들기만 하면 가격에 상관없이 소비를 하는 사람

     2 ③

4   **1** 시간과 장소에 영향을 받지 않기 때문에

     2 ①

     3 인테리어 상품, 여행 상품

읽기 모범 답안

3   **1** 1) X   2) X   3) ○   4) ○

     2 그 전날의 배로 달라고 말했다.

11과 사건과 사고

듣기 지문

1  39 ~ 42

1) 여자: 어제 뉴스 봤어요? 이웃 간에 층간 소음 때문에 다투다가 결국 살인 사건이 일어났대요. 별일 아닌 걸로 이웃끼리 왜 그러는지 모르겠어요.

남자: 최근 사소한 다툼에서 생긴 분노를 참지 못해 폭행이나 살인까지 저지르는 경우가 많다고 해요. 경찰 발표에 따르면 이런 분노 범죄가 전보다 두 배 이상 늘었다고 하네요.

2) 남자: 여기 가로등도 생기고 CCTV도 새로 설치됐네. 예전에는 밤이 되면 너무 어두워서 혼자 다니기 좀 무서웠는데.

여자: 감시 카메라도 생기고 거리도 밝아진 만큼 이제 밤에도 안심하고 다닐 수 있을 것 같아. 이렇게 주변 환경을 개선하는 것만으로도 범죄 발생률을 크게 줄일 수 있다고 하잖아.

3) 남자: 요즘 여기저기에서 산불이 많이 나는 것 같아요. 뉴스에서 보니까 지난 주말에도 강원도에서 산불이 나서 축구장 100배가 넘는 산림이 타 버렸대요.

여자: 산불 피해는 복구하기까지 시간이 오래 걸리는데 정말 안타깝네요. 봄에는 건조한 날씨로 인해 산불이 많이 발생하니까 작은 불씨 하나도 신경 써야 해요.

4) 여자: 아까 정말 큰일 날 뻔했어요. 갑자기 엘리베이터가 멈추더니 움직이지 않았거든요. 비상 호출 버튼을 눌러서 도움을 받고 30분 만에 겨우 구조되었어요.

남자: 다친 데는 없죠? 많이 놀랐을 텐데 침착하게 잘 대응했네요.

2  43

남자: 오늘 경기도의 한 공사 현장에서 40대 노동자가 숨지는 사고가 발생했습니다. 자세한 소식, 김지수 기자가 전하겠습니다.

여자: 사고는 오늘 오전 9시 30분에 일어났습니다. 목격자에 따르면 40대 노동자 이 씨는 건물 지붕 공사 중 5층 높이에서 떨어졌다고 합니다. 이번 사고도 안전 불감증으로 인해 발생했는데요. 당시 이 씨는 건물 지붕을 설치하는 작업을 하면서 안전 규칙을 지키지 않은 것으로 확인되었습니다. 이 씨가 하던 작업은 안전을 위해 두 명이 함께해야 했지만 사고 당시에는 이 씨 혼자 지붕 설치 작업을 진행하였고 안전모도 쓰지 않았다고 합니다. 인건비와 공사 기간을 줄이기 위해 공사를 서두르다 보니 이렇게 안전 규칙을 지키지 않는 경우가 발생하게 되는데요. 사고가 일어나면 그 피해가 큰 만큼 작업자와 관리자 모두 안전 규칙을 잘 지켜야 할 것으로 보입니다. HY뉴스 김지수였습니다.

3 44

여자: 오늘은 영화배우 장도운 씨 모시고 이야기 나눠 보겠습니다. 안녕하세요. 영화배우로 데뷔하게 된 사연이 특별하시잖아요. 자세히 좀 말씀해 주시겠어요?

남자: 제가 뉴스에 나와서 인터뷰를 한 적이 있는데 그 모습을 좋게 본 영화 관계자 분이 연락을 하셔서 영화에 출연하게 되었습니다.

여자: 뉴스 인터뷰요? 무슨 일로 인터뷰를 하게 된 거죠?

남자: 대학생 때 새벽에 편의점에 갔다가 강도가 든 것을 목격하고 신고했는데, 그때 경찰을 도와 강도를 잡게 되었거든요. 사실 제가 큰 도움이 되지 못했는데 운 좋게 '용감한 시민'으로 선정되어 인터뷰를 하게 되었던 거죠.

여자: 장도운 씨가 아니었으면 정말 큰일 날 뻔했네요.

사실 요즘은 조금이라도 자신에게 피해가 될 것 같
으면 다른 사람을 돕기보다 피하는 사람들이 많잖
아요. 정말 대단한 일을 하신 만큼 칭찬받는 것은
당연한 것 같습니다. 그런데 무섭지는 않았나요?

남자: 무섭기는 했죠. 하지만 그 점원 분도 한 아이의 아
버지이고 한 가정의 가장일 수도 있는데 제가 돕지
않으면 어떤 일이 일어날까 하는 생각을 하니까 용
기가 생겼던 것 같습니다.

여자: 장도운 씨의 행동으로 인해 한 가정을 지킨 것은 물
론이고 많은 사람들에게 감동을 주었을 거라고 생
각합니다. 오늘 나와 주셔서 고맙습니다.

4 

남자: 여러분, 안녕하세요. 저는 지난 10년 동안 판사로
일하면서 많은 청소년 범죄 사건의 재판을 맡아 왔
습니다. 지난 10년 동안 청소년 범죄는 36.4%나
증가하였고 그중 살인이나 강도와 같은 강력 범죄
의 비율도 크게 늘었습니다. 남학생과 여학생 모
두에서 범죄가 증가하였고 범죄를 저지르는 청소
년의 나이도 갈수록 어려지고 있습니다. 사실 그
들도 지금 제 앞에 있는 여러분들과 특별히 다르지
않은 보통의 학생들입니다. 그런데 왜 그들이 범죄
를 저지르게 된 걸까요? 청소년 범죄가 심각한 만
큼 그 원인을 찾는 것이 필요합니다. 저는 크게 세
가지 이유가 있다고 생각합니다. 먼저 청소년에 대
한 교육이 부족하다는 것입니다. 실수를 저질렀다
면 책임을 져야 한다는 것을 학생들에게 가르쳐야
할 것 같습니다. 두 번째 이유는 청소년들이 또래
압박을 견디지 못한다는 것입니다. 즉, 또래 친구
들의 행동에 압박을 받아 위험한 행동을 하게 되는
것이죠. 한 조사에 따르면 자동차를 훔쳐 운전하거
나 청소년에게 판매가 금지된 물건을 훔치는 등의
범죄는 이러한 또래 압박 때문에 일어나는 경우가
많다고 합니다. 마지막으로 부모의 관심 부족으로

인해 청소년 범죄가 증가하고 있습니다. 부모의 관
심과 애정을 받지 못한 아이는 폭력적으로 변하기
쉽습니다. 이러한 원인들을 잘 이해하고 대책을 마
련하지 않는다면 청소년 범죄는 앞으로 더욱 심각
해질 것입니다.

듣기 모범 답안

1 1) ○ 2) ○ 3) X 4) ○

2 **1** ③

2 인건비와 공사 기간을 줄이기 위해서
공사를 서두르기 때문에

3 **1** ③

2 자신이 돕지 않으면 한 아이의 아버지이고
한 가정의 가장일 수 있는 점원에게 큰일이
일어날 거라고 생각해서

4 **1** ③

2 ㉠ 자동차를 훔쳐 운전하는 범죄

㉡ 청소년에게 판매가 금지된 물건을
훔치는 범죄

3 ㉠ 청소년에 대한 교육이 부족하다.

㉡ 부모의 관심이 부족하다.

읽기 모범 답안

3 **1** 1) ○ 2) ○ 3) X 4) ○

2 용기와 희생 정신의 위대함을 느낄 수
있었다.

 **12과** 환경 보호

 듣기 지문

1   48 ~ 51

1) 남자: 오늘 뉴스 보셨어요? 전 세계 사망자의 1/4은 여러 가지 환경 오염으로 인해 발생한다고 하더라고요.

　여자: 그래요? 환경 오염이 사람들의 생명에 영향을 줄 거라고 생각은 했지만 그 정도일 줄은 몰랐네요. 우리가 이렇게 환경 문제에 무관심하다가는 환경 문제로 사망하는 사람이 전체의 절반이 넘을 수도 있겠어요.

2) 여자: 서준 씨 고향은 하천이 정말 깨끗하네요. 물이 깨끗하길래 잠깐 들어가 봤는데 물고기도 많더라고요.

　남자: 네. 한때는 농약이나 쓰레기를 아무 데나 버리는 바람에 하천이 오염되기도 했지만 사람들의 노력으로 많이 깨끗해졌어요. 그래서 여름철에는 아이들이 다시 물놀이도 하고 물고기도 잡을 수 있게 되었어요.

3) 여자: 가을철에 하늘공원 경치가 아름답다고 하길래 어제 다녀왔는데 공원에 나무도 많고 경치도 정말 좋았어요. 근데 그 공원이 옛날에는 쓰레기 매립지였다고 하더라고요.

　남자: 맞아요. 30년 전까지는 쓰레기 때문에 냄새가 심해서 죽은 땅이라고 불렸는데 이제는 꽃과 나무가 예쁘게 자라서 사람들의 휴식 공간으로 바뀌었어요.

4) 남자: 오늘 아침 뉴스에서 미세 먼지가 심하다고 하길래 마스크를 쓰고 나왔는데 정말 불편하네요.

　여자: 저도 오다가 보니까 마스크 쓴 사람들이 많더라고요. 서울시에서는 차량 2부제에 동참해

달라는 문자 메시지를 보냈던데요.

2   52

여자: 소명 씨, 쓰레기 버리러 가는 길인가 봐요. 쓰레기 분리배출 하는 거 힘들지 않아요?

남자: 좀 귀찮긴 하지만 환경을 생각한다면 당연히 해야죠. 그리고 분리배출을 잘못하면 벌금도 내야 되잖아요. 근데 처음에는 벌금까지 내야 한다고 해서 조금 놀랐어요.

여자: 벌금을 안 내도 된다면 양심 없는 사람들은 쓰레기 분리배출을 제대로 안 할 게 뻔해요. 그렇기는 하지만 분리배출이 쉽지는 않죠. 저는 가끔 쓰레기 버릴 때 어떻게 버려야 하는지 모를 때가 있어서 친구들한테 물어보곤 해요.

남자: 저도 그래요. 제 고향에서 분리배출 하는 방법하고 다른 것도 있어요. 예를 들면 한국에서는 종이컵 같은 건 일반 쓰레기라서 종량제 봉투에 버려야 하더라고요.

여자: 네, 맞아요. 카페에서 가져온 종이컵도 코팅이 돼 있어서 종이류에 버리면 안 돼요. 그리고 우유 팩은 편 상태로 물에 잘 씻어서 말려야 하고요.

남자: 사람들이 우유 팩을 그냥 버리길래 저도 그렇게 했는데 앞으로는 제대로 버려야겠어요.

3 53

남자: 페이 씨, 이거 제가 만든 비누인데 한번 써 볼래요?

여자: 이걸 어떻게 만들었어요? 정말 대단한데요.

남자: 우리집 근처 주민 센터에서 환경의 날 행사로 친환경 비누 만들기 행사를 하길래 저도 참가했어요. 생각보다 비누 만드는 방법이 간단하더라고요.

여자: 친환경 비누는 보통 비누랑 뭐가 달라요?

남자: 제가 사용해 보니까 사서 쓰는 것보다 빨래가 더 깨끗하게 되더라고요. 그리고 이건 요리하고 남은 식

용유를 가지고 만들기 때문에 폐유를 강물로 보내
지 않아서 수질 오염도 예방할 수 있고, 폐유를 재
활용할 수도 있으니까 아주 좋죠.

여자: 아, 폐유로 만드는군요. 근데 폐유만 있으면 돼요?

남자: 가성 소다와 물을 섞어서 폐유와 함께 두 시간 정도
반죽을 하면 돼요.

여자: 그렇군요. 다니엘 씨는 환경 보호 전문가가 다 되었
네요. 비누 잘 쓸게요.

4

남자: 안녕하십니까? 오늘은 산업통상자원부 최지영 과
장님을 모시고 대기 오염 문제를 해결하기 위해 정
부에서 진행하고 있는 친환경 자동차 개발에 대해
들어 보겠습니다. 과장님, 안녕하세요. 요즘 나라
마다 친환경 자동차 개발을 서두르고 있다고 들었
는데요.

여자: 네. 계속되는 이상 기후와 대기 오염으로 많이 힘
드실 텐데요. 다들 아시다시피 자동차 배기가스 때
문에 이상 기후 현상과 초미세 먼지 문제가 점점
심각해지고 있습니다. 이런 대기 오염 문제가 계
속되다가는 인간은 더 이상 지구에 살 수 없게 될
게 뻔하죠. 이런 이유로 친환경차 개발을 서두르
는 것입니다.

남자: 그렇군요. 그럼 현재 우리나라의 친환경 자동차 개
발은 어디까지 와 있나요?

여자: 대표적인 친환경 자동차로는 전기 차와 수소 차가
있습니다. 전기 차는 일반 자동차에 비해 이산화탄
소 배출이 1/3정도밖에 안 되는데 올해 한국은 전기
차를 10만 대 생산했습니다. 또 수소 차의 경우 한
국이 세계 수소 차 판매 1위를 기록하고 있습니다.
수소 차의 환경적 효과를 실험해 본 결과 수소 차 한
대는 소나무 500그루를 심는 효과가 있더라고요.
앞으로 한국이 친환경 자동차를 꾸준히 개발해서 세
계 환경 문제에 크게 기여할 것으로 기대합니다.

듣기 모범 답안

1 1) X　　　2) X　　　3) ○　　　4) ○

2 **1** ①

2 ㉠ 환경을 생각해서

㉡ 분리배출을 잘못 하면 벌금을 내야 해서

3 **1** ③

2 ㉠ 수질 오염을 예방할 수 있다.

㉡ 폐유를 재활용할 수 있다.

4 **1** 자동차의 배기가스 때문에 이상 기후 현상과
초미세 먼지 문제가 점점 심각해지고 있기
때문에

2 ㉠ 일반 자동차에 비해 이산화탄소 배출이
1/3 정도밖에 안 된다.

㉡ 수소 차 한 대는 소나무 500그루를 심는
효과가 있다.

3 ㉠ 올해 10만대를 생산했다.

㉡ 세계 수소 차 판매 1위를 기록하고 있다.

읽기 모범 답안

3 **1** 1) X　　　2) ○　　　3) ○　　　4) ○

2 ㉠ 쓰레기의 자원화

㉡ 쓰레기의 재활용

ㄱ

ㄴ

ㄷ

ㅇ

집필

이영숙
(현) 한양대학교 국제교육원 교수, 문학 박사
(공저) 법무부 사회통합프로그램 한국어와 한국문화 1, 2, 3, 4
　　　 〈한양 한국어 1〉

조자현
(현) 한양대학교 국제교육원 교수, 문학 박사
(공저) 〈한양 한국어 3〉

우주희
(현) 한양대학교 국제교육원 교육전담교수
(공저) 〈(구)한양 한국어 5〉

김진만
(현) 한양대학교 국제교육원 강사
(논) 한국어능력시험 Ⅱ(TOPIK Ⅱ) 듣기 영역 음성 자료의 진정성 연구

한양 한국어 4-2

초판 1쇄 발행　2021년 5월 31일
　　　2쇄 발행　2022년 5월 25일

지은이　한양대학교 국제교육원
펴낸이　박민우
기획팀　송인성, 김선명, 김선호
편집팀　박우진, 김영주, 김정아, 최미라, 전혜련
관리팀　임선희, 정철호, 김성언, 권주련
펴낸곳　(주)도서출판 하우

주소　서울시 중랑구 망우로68길 48
전화　(02)922-7090
팩스　(02)922-7092
홈페이지　http://www.hawoo.co.kr
e-mail　hawoo@hawoo.co.kr
등록번호　475호

값 17,000원
ISBN 979-11-6748-002-6 14710
ISBN 979-11-6748-000-2 (set)